COMER BEM, SEM CULPA
Um guia prático para que você saiba o que está comendo, com sugestões do que deve comer

Livros de Fernando Lucchese publicados pela L&PM EDITORES:

Comer bem, sem culpa (c/ José Antonio Pinheiro Machado e Iotti)
Confissões & conversões
Desembarcando a Hipertensão
Desembarcando o Colesterol (c/ Fernanda Lucchese)
Desembarcando o Diabetes
Desembarcando o Sedentarismo (c/ Cláudio Nogueira de Castro)
Dieta mediterrânea (c/ José Antonio Pinheiro Machado)
Fatos & mitos sobre sua saúde
Mais fatos & mitos sobre sua saúde
Pílulas para prolongar a juventude
Pílulas para viver melhor
Viajando com saúde

Livros de Iotti publicados pela L&PM EDITORES:

A boa mesa com sotaque italiano (c/ José Antonio Pinheiro Machado)
Comer bem, sem culpa (c/ Dr. Fernando Lucchese e José A. Pinheiro Machado)
O livro negro do Radicci
Novíssimo testamento
Radicci em: MIXÓRDIA!
Radicci 1
Radicci 2
Radicci 3
Radicci 4
Radicci 5
Radicci 6
Radicci 7
Zona Rural

Livros de J. A. Pinheiro Machado publicados pela L&PM EDITORES:

100 receitas de aves e ovos
100 receitas com lata
100 segredos de liquidificador
200 receitas inéditas do Anonymus Gourmet
233 receitas do Anonymus Gourmet
Anonymus Gourmet em Histórias de cama & mesa
A boa mesa com sotaque italiano (c/ Iotti)
O brasileiro que ganhou o Prêmio Nobel
Comer bem, sem culpa (c/ Dr. Fernando Lucchese e Iotti)
Copos de cristal
Cozinha sem segredos
Dieta mediterrânea – (c/ Dr. Fernando Lucchese)
Enciclopédia das mulheres
Mais receitas do Anonymus Gourmet
Meio século de Correio do Povo
Na mesa ninguém envelhece
Novas receitas do Anonymus Gourmet
Opinião x censura
Receitas da Família
Receitas escolhidas do Anonymus Gourmet
Recuerdos do futuro
Voltaremos!

DR. LUCCHESE & ANONYMUS GOURMET
com a participação especial do **Radicci**

COMER BEM, SEM CULPA
Um guia prático para que você saiba o que está comendo, com sugestões do que deve comer

Dr. Fernando Lucchese, J. A. Pinheiro Machado & Iotti

www.lpm.com.br

Coleção **L&PM** POCKET vol. 302

Texto de acordo com a nova ortografia.

1ª edição na Coleção **L&PM** POCKET: outubro de 2002
14ª edição: julho de 2011

Capa: Ivan Pinheiro Machado sobre foto de Guaracy Andrade (Agência ZH) e montagem de Iotti
Ilustrações: Iotti
Consultoria em nutrição: Nutricionista Aline Schneider
Projeto Gráfico: Ivan Pinheiro Machado
Revisão: Jó Saldanha

ISBN 978-85-254-1242-3

L936c   Lucchese, Fernando
    Comer bem, sem culpa/ Fernando Lucchese, José
Antonio Pinheiro Machado; ilustrações de Iotti – 14 ed. –
Porto Alegre: L&PM, 2011.
    176 p. : il. ; 18 cm. – (Coleção L&PM POCKET)

    1.Gastronomia-Saúde. 2.Saúde-Gastronomia. 3.Luchese,
Fernando 4.Iotti, il.5.Machado, José Antonio Pinheiro, 1949-
I.Titulo. II.Série.

                          CDU 641.1:614
                              614:641.1

Catalogação elaborada por Izabel A. Merlo, CRB 10/329.

© Fernando A. Lucchese, José Antonio Pinheiro Machado e
    Carlos Henrique Iotti, 2002

Todos os direitos desta edição reservados a L&PM Editores
Rua Comendador Coruja, 314, loja 9 – Floresta – 90.220-180
Porto Alegre – RS – Brasil / Fone: 51.3225.5777 – Fax: 51.3221.5380

PEDIDOS & DEPTO. COMERCIAL: vendas@lpm.com.br
FALE CONOSCO: info@lpm.com.br
www.lpm.com.br

Impresso no Brasil
Inverno de 2011

DR. LUCCHESE, ANONYMUS E... RADICCI

Certos livros de alimentação saudável se parecem a obras de ficção. Falam de uma irrealidade absoluta, ignorando que seus leitores vivem num dia a dia atarefado, são obrigados a se alimentarem muitas vezes às pressas, e não têm à disposição um nutricionista de plantão com tabelas de calorias e colesterol a preveni-los dos excessos.

Os leitores da vida real têm hábitos arraigados, heranças culturais, muitos têm limitações financeiras e operacionais para viverem permanentemente em estado de regime, consumindo apenas itens saudáveis ou *diet*.

Este livro pretende ser um gesto de realismo. É uma intermediação entre a saúde e o sabor, o desejável e o possível. J.A. Pinheiro Machado, o Anonymus Gourmet, trouxe dicas de gourmet saudável e fez uma seleção de receitas, atenuando em muitas delas itens como colesterol, sódio e excesso de calorias. Mas se preocupou, sobretudo, com aquilo que tem sido o centro de seu trabalho, na TV, rádio e nos livros: pratos de preparo simples e muito saborosos. Dr. Fernando Lucchese, com seu currículo brilhante de cardiologista, escritor e, sobretudo, homem do mundo atento à vida das pessoas, se preocupou em propor dicas realistas do que é desejável, dos parâmetros de uma alimentação saudável, trazendo informações impressionantes sobre como pode ser a boa convivência entre os comilões e a boa mesa. Enquanto isso, Iotti, o Radicci, sentou à essa mesa plural dando o toque de bom humor e tolerância, dois ingredientes que são fundamentais em qualquer receita, seja receita culinária, seja receita médica.

Muitas das receitas do Anonymus Gourmet (que apareceram na TV e em outros livros em versão "gorda") estão aqui em versão atenuada, com limitações na gordura, sal e carboidratos, devidamente adaptadas para pessoas que têm problemas de colesterol, pressão alta, obesidade etc., ou que pretendem prevenir esses males.

Na mecânica de execução do livro, todos meteram sua colher (!), o texto é um verdadeiro *bate-bola* entre Anonymus e Dr. Lucchese, com a interferência vigilante do Radicci. Os editores optaram por manter, dentro de um espírito de unidade, os textos sem apontar a autoria, salvo em momentos onde as referências são pessoais ou na primeira pessoa.

Os editores

Sumário

Os autores/ 8
Comer de forma saudável pode ser um prazer/ 9
As boas notícias da alimentação saudável/ 12
As más notícias/ 16
Dicas do Doutor para comer bem, com saúde e sabor/ 18
Sal, o mau hábito que adquirimos na infância/ 22
Truques para comer menos/ 25
Dicas do Gourmet para comer bem, com saúde e sabor/ 27
Sopas, a grande solução/ 42
Receitas discutidas, comentadas e recomendadas pelo
       doutor e pelo Gourmet/ 48
Caldos e sopas/ 48
Saladas/ 62
Peixes/ 75
Peixe x carne vermelha/ 83
Os sete pecados da carne/ 85
Carnes/ 88
Molhos/ 104
Acompanhamentos/ 106
Arroz/ 112
Massas/ 119
Lanches/ 125
Sobremesas/ 128
Do que o nosso organismo precisa/ 134
Glossário/ 153
Índice/ 165

Os Autores

Dr. Fernando Lucchese:

Dr. Lucchese é médico cardiologista, pesquisador e cirurgião cardiovascular com mais de vinte mil cirurgias já realizadas e setenta transplantes de coração. Preocupado com a questão de prevenção de doenças, faz um trabalho sistemático de alerta como médico, palestrante e escritor. É autor dos best-sellers Pílulas para viver melhor *e* Pílulas para prolongar a juventude, *ambos com mais de duzentos mil exemplares vendidos em todo o Brasil.*

José Antonio Pinheiro Machado

O Anonymus Gourmet é o personagem criado pelo jornalista e escritor José Antonio Pinheiro Machado. O Anonymus estreou como personagem de ficção e hoje é apresentador de um dos programas de maior audiência da TV do RS. José Antonio é autor dos livros O brasileiro que ganhou o Prêmio Nobel, Copos de cristal, Enciclopédia das mulheres *entre outros.*

Iotti

Carlos Henrique Iotti é autor do Radicci, um dos mais célebres personagens da imprensa e do rádio gaúchos. Ele é uma bem-humorada representação do típico imigrante italiano responsável pela colonização da serra gaúcha. Radicci é exagerado, "politicamente incorreto" e rigorosamente engraçado. É publicado diariamente nos jornais Pioneiro, *de Caxias do Sul e* Zero Hora, *de Porto Alegre e está nos livros* Mixórdia *e* O livro negro do Radicci.

COMER DE FORMA SAUDÁVEL PODE SER UM PRAZER

❑ A relação entre nutrição e saúde mudou completamente nos últimos trinta anos. A população brasileira reduziu seu índice de desnutrição. Hoje existem mais obesos do que desnutridos no Brasil. Quem diria!?

Leia muito, assista shows, vá ao teatro, ao cinema. É bom e não engorda.

❏ Com a alteração dos hábitos alimentares, em todo o mundo ocorreu aumento da obesidade. A comida rápida tem muito a ver com isso.

❏ Calcula a Organização Mundial da Saúde existirem no mundo mais de um bilhão de obesos. No Brasil, fala-se em 25 milhões.

❏ Quase 70% dos casos de obesidade devem-se a maus hábitos alimentares. Definitivamente, engordar com comida ruim não é uma boa ideia.

❏ Comem-se mais gorduras hoje do que em toda a história da humanidade.

❏ A gordura é realmente necessária na alimentação? Nem tanto.

❏ Sem querer ser trágico, a má alimentação é hoje responsável em parte, por quatro das dez causas principais de óbitos: infarto, derrame cerebral, diabetes e câncer.

❏ Em torno de 35% dos cânceres são relacionados à alimentação, enquanto que a ingestão de frutas e verduras podem cortar pela metade as fatalidades provocadas pelo câncer.

❏ Nós entendemos o provérbio chinês que diz que a felicidade dificilmente passa por um estômago vazio.

❏ Qualidade de vida é saúde, é prazer. Comer é um

Qualidade de vida, saúde e felicidade são a mesma coisa.

dos bons prazeres da vida. Nós queremos que você tenha este prazer sem perder a saúde.

❏ Com algumas variações, você pode terminar comendo aquele prato que foi considerado um veneno pelo seu médico. Basta tirar dele os componentes que podem ser impróprios para você e substituí-los por outros de gosto semelhante.

❏ Neste livro, nós vamos dar sugestões que podem ajudá-lo. Apesar dos protestos do Radicci, que adora todo o tipo de veneno.

Dieta rica em fibras reduz o risco de doença cardíaca e alguns cânceres.

AS BOAS NOTÍCIAS DA ALIMENTAÇÃO SAUDÁVEL

Verduras, frutas, pão integral, cereais
❏ Alimentos ricos em fibras (ver glossário), verduras, frutas, pães integrais e cereais (como aveia e germe de trigo, por exemplo) associam-se com redução do risco de câncer de cólon, de mama, de reto, de estômago, além de infarto e de derrame cerebral. Mesmo assim, só 20% da população ingere frutas diariamente e só um terço dos tipos de vegetais disponíveis são consumidos.

Soja
❏ Soja é uma boa notícia. Ela contém fitoestrógenos (ver glossário) que, além de inibirem o crescimento de tumores (principalmente de mama e de próstata), inibem ou substituem a ação dos estrógenos (ver glossário) naturais do organismo, reduzindo seus efeitos indesejáveis. Por isso as japonesas, que comem muita soja, passam ilesas pela menopausa, sem os incômodos "fogachos" ou calorões. Além disso, a soja contém isoflavonas (ver glossário), ácido fólico, ômega-6 (ver glossário) e minerais.

Soja tem propriedades importantes. Seja criativo com ela, faça leite, faça "tofu" (ver glossário), aprenda a utilizá-la na sua alimentação.

Isoflavonas ou fitoestrógenos

As isoflavonas da soja têm estrutura química semelhante ao hormônio feminino estrógeno e equilibram seus efeitos nocivos no organismo. Reduzem o risco do câncer de mama e próstata e interferem no metabolismo das gorduras, reduzindo o risco de infarto e derrame cerebral.

Sementes de linho

❏ As sementes de linho são ricas em ômega-3, um ácido graxo poli-insaturado (ver glossário) também encontrado em peixes de águas frias e importante para

Prefira o vinho tinto, contém mais flavonoides e fenóis. Mas tome só um cálice por refeição.

o metabolismo do colesterol (ver glossário). Além disso, contém fitoestrógenos que equilibram a ação nociva do estrógeno e da testosterona (ver glossário), hormônios naturais do organismo que, na falta ou no excesso, podem se tornar nocivos.

Ácido fólico e homocisteína

❏ Homocisteína (ver glossário) é um aminoácido (ver glossário) pouco conhecido mas que quando em alta concentração no sangue pode provocar doença arterial semelhante à produzida pelo colesterol. O antagonista da homocisteína é o ácido fólico (ver glossário). Necessitamos de 400mcg diários para antagonizar a homocisteína. Ácido fólico, como o nome já diz, é encontrado nas folhas verdes dos vegetais e frequentemente temos que suplementar através de comprimidos pela impossibilidade de ingerir a quantidade necessária. As mulheres grávidas devem ingerir ácido fólico para evitar malformações em seus bebês. Recentemente, a doença de Alzheimer tem sido relacionada à homocisteína.

A velha e perfeita água

❏ Um estudo mostra que a água é a melhor "pílula para prolongar a juventude de sua pele", pois deixa-a mais macia e menos sujeita a rugas. Beba muita água, seis a oito copos por dia. Beba pelo menos um litro e meio por dia. Além disso, a água participa de todos os processos de metabolismo do corpo. Use um filtro de água para evitar contaminantes de toda

---

O ácido fólico dos vegetais reduz o risco de doença coronária por antagonização da homocisteína.

a espécie que podem vir pela torneira. Se a água não for potável, ferva-a.

Fontes naturais de cálcio

❏ O cálcio ingerido na forma de leite desnatado, brócolis, aspargos, espinafre ou soja, na quantia de 1g por dia, pode reduzir a incidência do câncer de cólon, além da osteoporose (ver glossário). Você pode abastecer-se de cálcio comendo peixes, frutas, derivados de leite com baixo teor de gordura, vegetais, grãos em geral como feijão, ervilha e, obviamente, por suplementação através de comprimidos de cálcio. Se você tiver que suplementar, tome cálcio junto com as refeições, pois ele é melhor absorvido pela ação do ácido gástrico (ver glossário). A dose diária sugerida é de 1g. A média dos adultos necessita 25% mais cálcio do que ingere, segundo estatísticas americanas.

Abasteça-se de cálcio comendo peixes, frutas, derivados de leite desnatados, grãos em geral, como feijão e ervilha, e vegetais, como brócolis.

AS MÁS NOTÍCIAS

Associação de álcool e fumo

❏ Quando associados, álcool e fumo podem causar câncer de esôfago, laringe, mama, cólon e próstata, além de pulmão. Uma dose diária de bebida com alto teor alcoólico chega a aumentar o risco do câncer de mama em 11%.

Cuidado com os defumados

❏ Dependendo do tipo de defumação, alimentos conservados com sal e nitratos absorvem carvões durante o processo de defumação. Estes carvões contêm substâncias cancerígenas semelhantes às do cigarro. E pelos conservantes forma-se nitrosamina (ver glossário), que também é um produto cancerígeno. Além disso, geralmente, há sal em excesso nos defumados, o que é ruim para os hipertensos.

Proteínas em excesso

❏ É raro comer-se proteína sem ingerir gordura simultaneamente, pois o maior veículo de proteínas é a carne. Proteínas da soja e do feijão preto não têm esta característica.

Atenção com os alimentos enlatados e conservas, pois têm grande quantidade de sal.

Gorduras em excesso

❏ O consumo excessivo de gorduras pode provocar, além do infarto e derrame cerebral, câncer de mama, cólon e próstata. Até o câncer de pulmão pode estar associado ao uso de gorduras saturadas.

Sempre o colesterol

❏ A boa notícia é que há pessoas que passam a vida com colesterol absolutamente normal, sem ter muito que se preocupar com ele. São fígados privilegiados que têm o poder de "triturar" o que lhes passa pela frente. A má notícia é que este grupo de pessoas não é grande e mesmo assim devem se submeter a alguns limites para obter uma longa vida saudável. Nosso fígado já produz ele mesmo o colesterol que necessitamos, por isto o limite diário estabelecido para consumo de colesterol externo é de 300mg. É a quantidade de colesterol contida em um ovo ou em um bife grande de 300g.

Beba muita água, seis a oito copos por dia. Beba pelo menos um litro e meio por dia.

DICAS DO DOUTOR PARA COMER BEM, COM SAÚDE E SABOR

Estilo de vida inclui uma boa alimentação

❏ É inacreditável, mas finalmente foi descoberta a fonte da longevidade ou, como se dizia, da eterna juventude. Ela não é um medicamento, um chá, muito menos uma mágica. Todos já ouvimos falar dela, mas prestamos pouca atenção. Seu nome é *estilo de vida* e inclui tudo que há de melhor à disposição do ser humano sobre a face da terra. Achamos que poderíamos chamar esta fonte da eterna juventude de qualidade de vida, mas nos enrolamos em definir o que significa. Estilo de vida é mais compreensível. Para início de conversa, não se trata de viver em alto estilo, mas, antes de mais nada, de termos cada um de nós nosso próprio estilo, dentro de nossas condições, de nosso ambiente, de nossa comunidade. Respeitadas as individualidades, há outras regras a seguir se quisermos ter um estilo de vida saudável, gratificante e, por último, feliz.

❏ Estilo de vida é lazer adequado, é trabalho profissional satisfatório, é família organizada, é vida financeira controlada, é baixo nível de estresse, é exercício regular, é vida comunitária solidária, é comida saudável. Estilo de vida inclui, portanto, boa alimentação.

Não fale assuntos complicados, tristes, deprimentes, polêmicos ou desagradáveis durante a refeição. Não seja chato.

Por que relacionamos comer com engordar

❏ Na juventude, todos lembramos do gordinho da turma, um tipo alegre e jovial, que tinha boas piadas e vivia sempre comendo. Não eram muitos. Mas todos eles ficaram na memória. Passados os quarenta ou talvez cinquenta anos de idade, nós identificamos mais facilmente os magrões, pois toda a turma engordou parelho. Por que isso? A obesidade do adulto é completamente diferente, pois localiza-se mais no abdômen, deixando o corpo com forma de maçã. Braços e pernas não mudam muito, mas a barriga... Recentemente este tipo de obesidade tem sido associada à maior incidência de infartos e derrames cerebrais. É mais comum no homem, pois a gordura da mulher distribui-se mais pelos quadris, deixando o corpo em forma de pera. Segundo os especialistas da

Cuidado com gorduras animais: manteiga, nata, leite integral, gema de ovos.

Associação Americana de Cardiologia, nós homens devíamos medir no máximo 90cm de circunferência abdominal e as mulheres 80. Mas olhe ao redor e veja quantos passariam neste exame.

❏ Estas transformações nos corpos de homens e mulheres estão associadas a vários fatores: falta de exercício, mudanças hormonais próprias da idade adulta, horários irregulares de alimentação, mas, principalmente, ao que comemos e, às vezes, o quanto comemos.

O que nos engorda?

❏ Engordamos sempre que comemos mais do que nosso organismo pode gastar, seja através da rotina do dia a dia ou de exercícios. O que comemos em excesso pode ser transformado em depósitos de gordura. O que nos engorda são as gorduras saturadas, sólidas, que nós vemos e mesmo assim comemos. E outras que não vemos mas estão presentes nos molhos ou embutidas nos alimentos. O problema é que 70% das gorduras saturadas que ingerimos terminam depositando-se em algum lugar. O que nos engorda também são os carboidratos simples (ver glossário) como açúcar, refrigerantes, doces, mel, compotas açucaradas, além de grãos polidos (arroz, por exemplo) ou farinhas refinadas que comemos no pão branco, na massa de pizza. Estes carboidratos chamados simples estimulam diretamente o nosso pâncreas a produzir insulina, que termina promovendo sua absorção em grande quantidade e sua consequente

---

Dieta pobre em gorduras saturadas e colesterol reduz o risco de câncer de cólon, de mama e de próstata e de doenças coronárias e derrame.

transformação em gorduras que se depositam nos lugares "errados" do corpo.

Comer e não engordar?

❏ Há alguns truques que podem nos ajudar a conseguir esta proeza. Em primeiro lugar, comer de forma adequada para as características de cada um de nós. De forma geral, preferir alimentos ricos em fibras, cereais integrais, verduras, frutas etc. que contêm carboidratos mais complexos que são menos absorvidos pelo intestino e estimulam menos a produção de insulina. Em segundo lugar, comer gorduras insaturadas, líquidas, e, na medida do possível, evitar as demais. Por último, exercitar-se muito. Você já viu quanto comem os atletas? Eles comem muito e, apesar disso, continuam magros. Comer menos é um hábito a ser adquirido ao longo do tempo. Comer menos e com melhor qualidade.

Paradoxo francês

❏ Apesar da grande ingestão de gorduras, a doença dos vasos obstruídos por ela (aterosclerose, ver glossário) é menos comum na França. Este fato tem sido creditado a dois fatores:

– A ingestão de vinho em quantidade recorde quando comparada com outros países;

– O estilo de vida do povo francês, que faz das suas refeições um verdadeiro ritual de relaxamento e bem-estar.

Um estudo demonstrou que a ingestão de óleo de oliva, pão integral, frutas, vegetais e peixe prolonga a vida da população mediterrânea.

SAL, O MAU HÁBITO QUE ADQUIRIMOS NA INFÂNCIA

❏ Dr. Lucchese afirma que, desde criança, ao exigirmos batata frita como prato forte do jantar, estamos desenvolvendo dois péssimos hábitos. Primeiro, o uso abundante de sal, reforçado ainda mais por um saleiro inadequadamente levado à mesa. Segundo, o hábito e o gosto pela fritura. Depois levamos anos tentando nos livrar destes dois hábitos.

❏ O sal é o componente principal na geração da hipertensão arterial. E já são 25 milhões os brasileiros hipertensos. Aos 50 anos, metade da população é hipertensa.

❏ Necessitamos no máximo 3 gramas de sal por dia. Ou seja, 3 tampas de caneta Bic cheias até o topo. Tudo o que necessitamos já ingerimos através da comida de panela. Não precisamos de saleiro na mesa.

❏ Nas receitas deste livro, você encontrará o conteúdo em sódio calculado para cada uma delas. Isto é importante, principalmente, para hipertensos. Mas saiba que cada grama de sal tem 400mg de sódio.

❏ Os substitutos do sal existentes nos mercados e farmácias sempre contêm uma certa quantidade de sal

---

Dieta pobre em sódio reduz hipertensão.

As gorduras saturadas são geralmente gorduras sólidas animais como o toicinho, a gordura branca ou amarela do boi etc. Exceção: gordura de coco. Não são saudáveis.

de cozinha, o cloreto de sódio. Quem tem problemas com sal, deve investigar quais são os que têm a menor quantidade. O gosto destes produtos é dado pelo cloreto de potássio, que não tem os efeitos maléficos do sal sobre organismo.

Truques para evitar o excesso de sal

❏ Evite adicionar mais sal ao seu prato.

❏ Quem tem problemas com sal, deve usar outros temperos; evite o sal ao cozinhar. Sugestão: mesmo se você não for hipertenso, tenha moderação. Existem muitos outros recursos para temperar e "dar vida" a um prato: páprica, pimenta (sempre a vermelha), dezenas de ervas, vinagre, vinho, limão, gengibre.

❏ Use com cautela e moderação conservas ou embutidos preparados com sal.

❏ Limite seu uso de *fast-food*: são alimentos geralmente preparados com excesso de gordura e muito sal.

❏ Limite o uso de "salgadinhos" de pacote.

❏ Prefira amendoim sem sal.

❏ Observe, ao comprar molhos prontos, a quantidade de sal.

❏ Páprica é um bom tempero para substituir o sal.

Tente cozinhar sem sal. Ele não é tão importante e pode ser substituído por outros temperos; pimenta ou páprica, por exemplo.

TRUQUES PARA COMER MENOS

❏ Sirva primeiro a salada. Demore para servir os demais pratos.

❏ Coma trinta minutos antes das refeições uma fruta; maçã, por exemplo.

❏ Não sirva as travessas na mesa. Deixe-as a alguma distância, para obrigar as pessoas a levantarem-se. Assim todos comerão menos.

❏ Prefira trazer da cozinha pratos servidos individuais.

❏ Capriche na decoração dos pratos individuais. Não esqueça, comemos também com os olhos.

❏ Nunca coma em frente à televisão ou computador. Você agirá instintivamente e não terá limites.

❏ Deixe bolachas, doces, biscoitos, etc. em frascos não transparentes e na última prateleira da cozinha.

❏ Retire de sua geladeira os ímãs com telefones de telepizza e outros teles.

❏ "Esconda" na geladeira os alimentos gordos ou doces. Coloque-os bem no fundo, dificulte o acesso.

❏ Classifique mentalmente os alimentos, procurando

Não coma em frente à televisão. Você termina comendo mais.

dar para cada um ou um *sinal vermelho* (uso limitado nos dias da semana), ou *amarelo* (uso moderado no dia a dia) ou *verde* (uso liberado todos os dias). Depois, exercite seu nacionalismo: coma só alimentos verdes e amarelos.

❏ Procure comer várias vezes por dia em pequena quantidade.

Em matéria de alimentação, a variedade é a melhor opção. Um pouco de tudo é melhor do que tudo de um pouco.

DICAS DO ANONYMUS GOURMET PARA COMER BEM, COM SAÚDE E SABOR

O luxo e o lixo na cozinha

❏ Não adianta ter uma cozinha de luxo, se ela for um lixo. Higiene e saúde são os dois principais ingredientes do *gourmet*. Primeira providência de quem vai trabalhar na cozinha: sempre, eu disse **SEMPRE**, antes de começar, lave as mãos com detergente. Além disso, quem cozinha deve ter pequenos cuidados fundamentais com saúde na preparação dos alimentos. Até o simples feijão exige um cuidado especial. O feijão tem muitas toxinas. Quando começar a cozinhá-lo, é fundamental ferver o feijão por dez minutos, para destruir essas toxinas que fazem mal ao organismo. Depois de dez minutos de fervura, tudo bem, deixe o feijãozinho amigo cozinhar em fogo baixo.

A saúde das frutas

❏ Frutas fazem tão bem à saúde que é preciso cuidar da saúde das frutas que vamos consumir.

❏ Para conservar por mais tempo as frutas, guarde-as na geladeira, de preferência embrulhadas em papel-filme. Mas, atenção! Muitos têm a mania de chegar em casa, depois da feira, e lavar uvas, maçãs, peras

---

Só 20% da população come frutas duas vezes por dia. Só um terço dos tipos de vegetais é ingerido.

e outras frutas antes de guardar na geladeira. Não faça isso!

❏ Nunca lave frutas para guardar na geladeira.

❏ Lave somente na hora em que for consumir a fruta. Assim, ela se conservará por muito mais tempo, e você não desperdiça.

❏ Outra dica de saúde & economia. Depois de descascar o abacaxi, não jogue fora as cascas. Coloque-as de molho numa jarra d'água, na geladeira, de um dia para o outro. De manhã, você terá um saboroso suco de abacaxi. Coloque açúcar ou adoçante e experimente. Fica uma delícia!

Diet e saboroso
❏ Às vezes, ouvimos reclamações do pessoal que está de dieta, porque a maioria das nossas dicas e receitas saborosas... engordam. Dizem que o que é bom ou engorda ou é pecado. Mas isso não é verdade. Veja um exemplo. Prepare a gelatina diet normalmente e leve à geladeira. Quando ela estiver quase no ponto, retire e misture no liquidificador um copo de iogurte diet. Volte à geladeira e deixe solidificar a gelatina. Fica ótimo, o iogurte disfarça o adoçante da gelatina diet. Esta não engorda, nem é pecado.

Amor e ódio pela cebola
❏ Meu pai tinha horror de cebola. Rubem Braga, o grande escritor, chegou a escrever um manifesto

---

Aumente seu consumo de frutas e vegetais. Você poderá estar reduzindo em até 40% seu risco de câncer, derrame cerebral ou infarto.

contra a cebola. Mas a cebola é um alimento fabuloso, com incontáveis virtudes terapêuticas. É carregada de bioflavonoides, que fazem baixar o colesterol ruim. Melhora a circulação sanguínea e tem alto teor de vitamina B e C, especialmente quando consumida como salada. Além dessas qualidades, dá um toque especial a qualquer prato. O problema é descascar a cebola. Não há quem não chore. Existe uma simpatia popular que manda colocar miolo de pão entre os dentes, ou então manter a boca cheia d'água na hora de descascar a cebola. Dizem que evita o choro. Será verdade? Não sei não. Vou contar dois segredos que funcionam. Um deles, não cortar o talo da cebola; na hora de descascar, comece pela outra ponta. E outro é mergulhar as cebolas em água bem quente, antes de cortá-las. Eu, pelo menos, não choro quando faço assim na hora de descascar a cebola. Experimente.

Pimenta afrodisíaca

❏ De vez em quando me perguntam sobre comidas afrodisíacas. Existe muita conversa a respeito. De verdade, desde a Antiguidade Clássica, apenas a pimenta e, muito especialmente, a pimenta vermelha, é considerada afrodisíaca. Hipócrates, o pai da medicina, receitava pimenta como remédio eficaz para dores de estômago, falta de apetite e também como afrodisíaco. A pimenta contém uma substância de efeito estimulante sobre o humor, liberando endor-

---

Pesquisadores de Harvard colocaram extrato de cebola em tubos de ensaio contendo cultura de células cancerosas e observaram que elas crescem mais lentamente.

fina, e aquele ardor que provoca, dizem os estudiosos, não é por acaso.

Pimenta afrodisíaca... e saudável!

❏ Além de afrodisíaca, pelo ardor que provoca, a pimenta vermelha é rica em vitaminas A, B e C, e também é uma excelente fonte de potássio, ácido fólico e vitamina E. A pimenta calabresa seca, que é pobre em vitamina C, tem em compensação cem vezes mais vitamina A do que as outras. Um estudo da Embrapa revela a riqueza da pimenta em antioxidantes (ver glossário), o que é útil na prevenção do câncer, Parkinson, Alzheimer e doenças cardiovasculares.

A felicidade dificilmente passa por um estômago vazio. (Provérbio chinês)

❑ Tudo isso vale para a pimenta vermelha e não vale para a pimenta-do-reino.

Tábuas e colheres de madeira na cozinha

❑ Muitas pessoas qualificadas gostam de usar na cozinha as tábuas e colheres de madeira, argumentando que aquelas de nylon, com a umidade, favorecem as bactérias. As tábuas de madeira para o preparo de alimentos, infelizmente, são proibidas nos restaurantes, mas você pode usar em casa sem problemas, com higiene e segurança. Para limpá-las, antes e depois do uso, use detergente comum e água. Periodicamente, lave as tábuas e colheres de madeira com uma solução de água e vinagre. Cá pra nós, mexer um refogado com colher de pau muda a qualidade do trabalho, e acho até que do produto final.

Panelas saudáveis

❑ Panelas com antiaderente (ver glossário) não podem ser areadas com esponja de aço. Cozinhando com elas, é preciso usar somente colheres de madeira ou plástico para mexer a comida. Quando muito sujas, devem ser limpas com jornal velho e borra de café. Em seguida, lave normalmente com água, detergente e esponja macia.

❑ Toda essa mão de obra vale a pena. Para as pessoas com problemas de colesterol e restrições alimentares de gordura, é inestimável o valor das panelas com antiaderente. Elas permitem cozinhar muito bem

---

Coma cebola, alho e berinjela, pois reduzem a incidência de câncer de estômago e baixam o mau colesterol.

reduzindo ou até eliminando a gordura. Para fritar um bife ou fazer um refogado, você não precisa de óleo, nem manteiga, nem banha. Por certo que altera o sabor de algumas receitas, mas a relação custo-benefício é excelente: menos gordura e menos colesterol não fazem mal para ninguém.

Insuperável arroz

❏ Consumido desde 3 mil anos a.C., o arroz é um dos primeiros alimentos da humanidade e até hoje o prato básico de mais de 3 bilhões de pessoas, a metade da população mundial! Para alimentar essa imensa comunidade, o mundo precisa produzir anualmente de 400 a 500 milhões de toneladas de arroz, o que significa uma fantástica lavoura de 150 milhões de hectares. O arroz é um dos alimentos mais bem balanceados nutricionalmente e ganha do trigo, que é deficiente em certos aminoácidos. A má notícia é que o processo de polimento do arroz, desse arroz que consumimos no dia a dia, retira dele os melhores nutrientes presentes na casca do grão. A boa notícia é que o arroz integral e o arroz parboilizado – que não são polidos – mantêm todos os nutrientes.

Tomates: saborosos e saudáveis

❏ Tomates... Quem não gosta de tomates. Além de saboroso, ao natural ou em molhos, o tomate é saudável. Especialmente para os homens: depois dos 50, os médicos recomendam comer todos os dias, pois faz

---

Você prolonga sua vida comendo diariamente pão integral, massas e cereais integrais, arroz integral, frutas cítricas, brócolis, cenoura, couve-flor e alface.

bem para a próstata. Tomates podem ficar frescos e bonitos até um mês se forem armazenados bem secos, num saco plástico com farinha, na geladeira. E podem durar indefinidamente se forem preservados num vidro com sal, vinagre e água suficiente para cobri-los. Para impedir a entrada de ar no recipiente, acrescente azeite até formar uma camada de um centímetro na superfície da água. Assim, a qualquer hora, os tomates estarão ali, com a cor e o sabor intactos.

Vinagre: higiene e sabor

❏ O vinagre é um ingrediente precioso na cozinha. Primeira utilidade: o vinagre é uma garantia de higiene. Misturado com água, ele é excelente para lavar legumes, cenouras e até algumas frutas.

❏ No tempero de saladas, todos sabemos que o vinagre é indispensável. E aqui uma receita simples para fazer um bom tempero para saladas. Dissolva o sal em um pouco de água quente, acrescente vinagre ou suco de limão, e depois uma quantidade igual de azeite.

❏ Não se deve temperar a salada com muita antecedência porque o tempero, com o tempo, tira o viço das folhas, deixando a salada com mau aspecto.

❏ O ideal é temperar a salada uns dez minutos antes de comer.

Bicarbonato de sódio e vinagre podem ser utilizados na limpeza de pratos e panelas, pois seu resíduo é inócuo à saúde.

❏ Com o vinagre, você pode até fazer catchup. Use duas colheres de vinagre, uma colher de açúcar e meia xícara de extrato de tomate.

❏ Para você obter um vinagre doce como o original francês, junte ao vinagre comum uma maçã descascada cortada em pedaços e deixe num vidro bem tampado por vinte e quatro horas. Em seguida, é só coar.

❏ Outra dica sobre vinagre. Se você colocar vinagre demais na salada, acrescente à salada temperada uma colher de sopa de leite cru e uma pitada de açúcar. O sabor vai ficar suave e agradável.

Conservação dos temperos

❏ Os cozinheiros e cozinheiras adoram comprar temperos, frescos ou em conservas, e às vezes esquecem de cuidá-los de forma adequada. Certos temperos, se mal-acondicionados e malconservados, podem até prejudicar a saúde. Algumas dicas simples para conservar por mais tempo seus temperos, de forma saudável, com aroma e sabor. Primeiro de tudo, nunca guarde condimentos perto do fogão, pois eles perderão a cor e o sabor. Para que os condimentos continuem sempre frescos, guarde-os na geladeira. A geladeira é o melhor lugar para conservar seus temperos. Outra dica, não jogue fora aquele vidro de mostarda que secou. Adicione algumas gotas de azeite, um pouco de vinagre e de sal, e a mostarda ficará úmida e saborosa outra

---

Páprica pode ser usada para substituir o sal em inúmeras receitas, inclusive no churrasco de domingo.

vez. Por falar em tempero. Para dar mais sabor à sua salada, use um truque simples: esfregue alho na saladeira antes de colocar a salada. As folhas verdes, tomates, cenouras e outros vegetais vão ficar com um toque muito especial.

Desperdício de alimentos

❑ Num país como o nosso, é impressionante como se desperdiça alimentos. Sabe aquelas folhas que vêm no molho de beterraba? Fico impressionado porque as pessoas, automaticamente, sem nem pensar, na hora de preparar as beterrabas colocam no lixo as folhas, sem saber que são vegetais muito nutritivos, riquíssimos em vitaminas e muito saborosos. Faça o teste. Em vez de jogar no lixo, lave as folhas da beterraba e coloque-as numa vasilha com água e um pouco de vinagre branco. Escorra e pique. Depois, acrescente as folhas picadas a um refogado feito com dois dentes de alho e duas colheres de sopa de azeite de oliva. Adicione uma pitada de sal e uma pitada de pimenta. Você terá um acompanhamento nutritivo e saboroso para carnes e para enriquecer a refeição.

Bendito azeite de oliva

❑ Muita gente na Europa está bebendo uma colher de azeite de oliva todas as manhãs. Poucos alimentos fazem tão bem à saúde como o azeite de oliva, que é um sumo de fruta 100% natural extraído da azeitona.

Apesar de com isto perder muitos nutrientes, descasque as frutas e vegetais para evitar os agrotóxicos.

❏ O azeite de oliva possui vários componentes importantes, entre eles, vitaminas E e A e outros compostos fenólicos que lhe conferem propriedades antioxidantes. Existe uma ideia errônea de que todas as gorduras (lípidos) são prejudiciais. Na verdade, certas gorduras são imprescindíveis para a nossa saúde em quantidades adequadas. O consumo de azeite de oliva ajuda a reduzir o "mau" colesterol (LDL), mantendo o nível do "bom" colesterol (HDL). Por outro lado, a vitamina E desempenha uma função antioxidante sobre as paredes das artérias. Com isso, ajuda a prevenir doenças cardiovasculares como aterosclerose, trombose, infarto e acidentes vasculares cerebrais. Ajuda ainda a prevenir o diabetes e combate o excesso de acidez no estômago. De acordo com inúmeras pesquisas, o consumo de azeite de oliva pode contribuir para a prevenção de alguns tipos de câncer, principalmente o câncer da mama. Como se não bastasse tudo isso, o melhor mesmo é que o azeite de oliva é muito saboroso!

Vinho na comida

❏ O vinho é um tempero precioso na comida. Vários molhos muito saborosos podem ser feitos com vinho. Às vezes, ele aparece muito bem como personagem principal, usado em boa quantidade. Outras vezes, apenas um toque que compõe o sabor final. De qualquer maneira, fica sempre muito gostoso.

Fritando a altas temperaturas e prolongadamente o óleo vegetal, ele torna-se semelhante à gordura animal, devido a um processo químico chamado "saturação".

❏ Uma boa dica, quando usar vinho num molho de tomate para macarrão, por exemplo, é cozinhar bem, que o sabor vai ficar demais. Quanto mais cozinhar o vinho no molho, melhor fica.

❏ Algumas pessoas que têm filhos pequenos se preocupam em usar vinho na comida, por causa do

Os vinhos tintos apresentam maior quantidade de bioflavonoides do que os brancos.

álcool. Não há motivo para preocupação. É só deixar o molho ferver. Depois de 70 graus centígrados, o álcool se volatiliza e no molho fica apenas o toque saboroso do vinho.

A cozinha do amanhã

❏ Palavras de Joël Robuchon, considerado um dos maiores cozinheiros de todos os tempos, em 2002, sobre a culinária do futuro: "Acredito que vamos na direção de uma culinária nutritiva e dietética. Estou cada vez mais convencido disso: caminhamos na direção de uma cozinha preocupada com a saúde. A base da culinária do 'amanhã' será dietética. As pessoas aprenderão a controlar a própria alimentação, saberão o que devem comer. É claro que os restaurantes terão que se adaptar".

O rei dos vegetais

❏ Hoje se sabe que não é palpite, mas sim fato científico, que a presença de vegetais na alimentação é o melhor remédio contra diversas doenças graves. E entre os vegetais mais importantes para a nutrição humana estão os aspargos. Para os antigos gregos e romanos, o aspargo era chamado de "rei dos vegetais" e era usado como remédio para tratar artrite, dor de dente e infertilidade. Veja só o leque de utilidades! Hoje se sabe que é mais do que isso: o aspargo tem um potente antioxidante que auxilia na luta contra o câncer, a catarata e a doença cardíaca. Além disso,

---

Uvas contêm em sua casca quercitina (ver glossário) e resveratrol, além de fibras. São dois flavonoides potentes mais encontrados no vinho.

aspargos frescos ou em conserva são a alegria e o sabor especial de qualquer salada. E aspargos levemente refogados com molho branco, hein? Bela companhia para um peixe! Entra em qualquer receita aqui do Anonymus...

A cozinha depois da festa

❏ Na cozinha estamos sempre buscando os aromas e os sabores dos ingredientes.Mas, *depois* de preparados os pratos mais saborosos e perfumados, ficam os cheiros. No ar, nas mãos de quem cozinha, por toda a parte.

❏ Existem truques simples para resolver esse problema.

❏ Aquele cheiro de alho que fica nas mãos, por exemplo. Esfregue talos de salsinha nas mãos e o cheiro de alho desaparece.

❏ Outro cheiro que parece que entranha nas mãos de quem cozinha: o cheiro de peixe. É simples: esfregue as mãos com um pouco de pó de café usado.

❏ E os cheiros que ficam pela casa? Para tirar o odor de fritura que fica pela casa, coloque no fogo uma casca de laranja polvilhada com açúcar.

❏ E os cheiros que ficam nos utensílios de cozinha? Você tira facilmente o cheiro de peixe das panelas esfregando na primeira lavagem um pouco de pó de café usado. Depois, lave as panelas com sabão, e o

---

Vitaminas A e C das frutas e vegetais reduzem o risco de alguns tipos de câncer.

cheiro desaparecerá. São pequenos truques para a felicidade na cozinha.

Como tirar a gordura dos tabletes de caldo de carne

❏ Em geral, não gosto de usar tabletes de caldo de carne ou de galinha. Prefiro sempre um bom caldo, feito de forma natural, usando carne e galinha de verdade. Os caldos em tablete são gordurosos e têm muito sal. Neste livro, você encontra a receita de um bom caldo. Entretanto, na pressa da vida moderna, às vezes as pessoas têm que ganhar tempo, e lá vai o caldo em tablete para a panela... Já existem caldos prontos em pó com 0% de gordura. É possível retirar um pouco do excesso de gordura dos tabletes, se os cortarmos em fatias finas, dissolvendo-os a seguir em água fervente e levando para o refrigerador por uma hora ou ao freezer por trinta minutos. Depois é só "livrar-se" daquela camadinha de gordura solidificada que fica na superfície e usar o caldo em qualquer uma das receitas deste livro, onde ele estiver indicado.

Evite as gorduras que quando frias ou quentes fiquem sólidas.

41

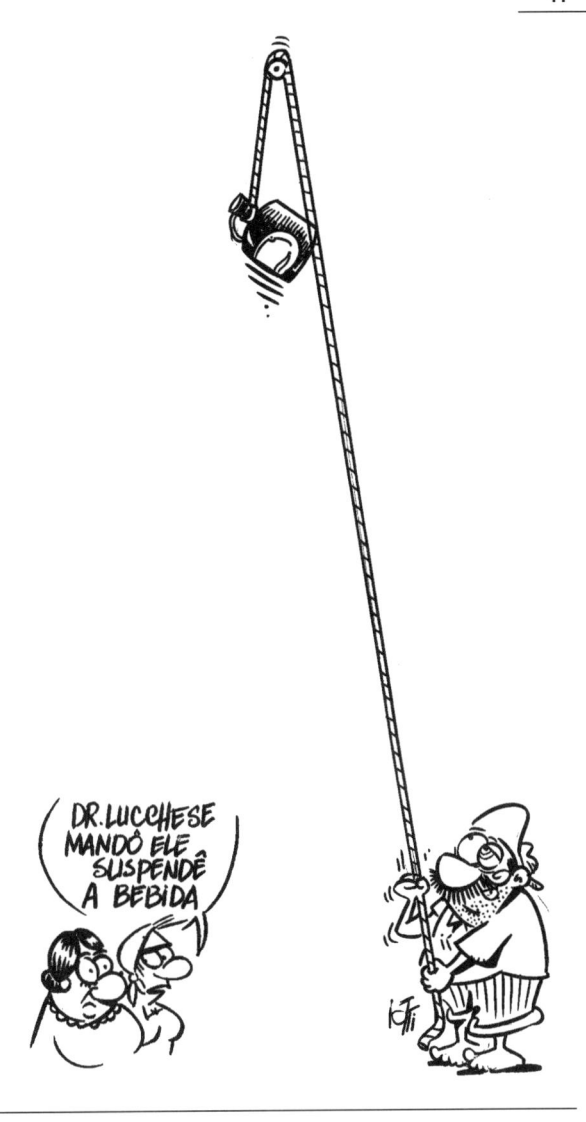

SOPAS, A GRANDE SOLUÇÃO
O encanto das sopas

❏ Os antigos com toda razão acreditavam que a cura das piores doenças passava por uma boa sopa. Uma canjinha para os convalescentes era de lei. A sopa é ótima, porque pode ser adaptada para pessoas que tenham restrições alimentares, eliminando ou diminuindo a gordura, o sal, etc. E para quem quer emagrecer, mesmo as sopas mais "gordas" ajudam, porque você consome numa sopa basicamente... água!

❏ Aqui vão 5 dicas de sopas completamente aprovadas por nós (Anonimus e Dr. Lucchese) sem muita discussão.

Sopa de aipim
❏ Se não fosse o lobby da batata, o aipim seria o produto mais importante da agricultura brasileira. A

Refrigere e misture em sucos a água em que você aferventou legumes e vegetais. Ela é rica em vitaminas.

frase é do Ziraldo e tem toda a razão. De fato, tudo que se faz com batata, se faz melhor com aipim. O aipim frito, o purê de aipim, o aipim cozido substituem em tudo a batata. E com o aipim se pode fazer também uma saborosa sopa. A sopa de aipim é uma delícia muito fácil de fazer. Cozinhe o aipim descascado numa panela com água, até que esteja bem mole. Deixe esfriar um pouco, tire o fio do centro dos pedaços e passe no liquidificador, com a água que cozinhou. A receita original do Anonymus manda voltar com esse aipim liquidificado para a panela e acrescentar bacon picado, linguiça em rodelas fininhas e caldo de carne. O Dr. Lucchese sugere a eliminação das linguicinhas e do bacon, deixando apenas o caldo de carne magro. E ponha a panela a ferver de novo. Se a sopa ficar muito espessa, corrija com um pouco de água. Na hora de servir, espalhe a salsa e a cebolinha verde bem picadas por cima. Sugestão: prepare cubinhos de pão assados no forno com orégano e azeite de oliva para acompanhar na hora de servir. A sopa de aipim é daqueles pratos que aquecem e encantam.

Sopa de charque

❏ Nos primeiros tempos, o sal era um conservante natural para a carne, numa época em que não havia como refrigerar os alimentos. Foi o apogeu do charque. Hoje o charque tem pouco uso, a não ser em comidas típicas do Rio Grande do Sul. Demolhado, como se diz em relação ao bacalhau, isto é, com o sal retirado, através

---

Uma boa forma de retirar gordura dos alimentos é congelá-los depois de prontos, retirando a camada de gordura que se forma.

de trocas sucessivas de água, fica uma carne gostosa e até saudável, porque em geral o charque é feito de carne muito magra. Os gaúchos dizem que não há nada como uma boa sopa de charque... São poucos ingredientes, é barata e aquece de verdade. Para 10 pessoas, veja só, ½kg de charque é suficiente. Precisa também de 1kg de ervilhas secas, 1 cebola picada e ½kg de batatas. Coloque o charque de molho para tirar o sal. Em separado, deixe também a ervilha de molho. Depois, corte o charque em pedaços e frite na panela junto com as ervilhas e a cebola picada, em óleo bem quente. Cubra com água e deixe ferver até que as ervilhas se desmanchem, e o charque fique macio. Acrescente as batatas, e ferva mais um pouco, até que fiquem macias. Sirva bem quente.

Sopa de feijão

❑ Entre as boas sopas de inverno, nenhuma é mais tradicional e nem mais simples de fazer do que a sopa de feijão. Além disso, cá pra nós, é muito saborosa. Comece fritando em pouco azeite de oliva meia xícara de cebola picada, acrescentando aquele feijão já preparado, sem futuro, que você tem na geladeira. Se for necessário, mais uma xícara de água para o caldo não ficar muito grosso. Depois de ferver, desligue o fogo e deixe esfriar um pouco, passando a seguir no liquidificador. Ficará um creme. Leve ao fogo de novo e acrescente ½kg de macarrão cru. Deixe ferver até cozinhar a massa e estará pronta a saborosa sopa de feijão.

Coma grãos diariamente. Quanto mais, melhor. Quanto menos processados, polidos ou cozidos, melhor.

Creme de milho fácil

❏ Em qualquer época do ano, no almoço ou no jantar, sopa é bom e saudável. Algumas sopas são fáceis de fazer e ficam ótimas. O creme de milho, por exemplo, é uma ideia de sopa saborosa, que funciona como entrada no almoço ou jantar, e até como um lanche rápido ou pequena refeição à noite.

Bata no liquidificador 200g de milho já cozido, 1 xícara de leite desnatado, 1 xícara de caldo de galinha, 1 cebola, mais 1 colher de farinha de milho. Depois de bater bem, leve a mistura ao fogo, numa panela, deixando cozinhar alguns minutos, mexendo sempre, até engrossar ligeiramente. No final, adicione queijo ralado e sirva bem quente.

OUTRA FORMA DE FAZER O CREME DE MILHO

2 ½ xícaras de leite desnatado
1 xícara de milho verde (em lata)
1/3 de xícara de farinha de trigo
1 xícara de caldo de galinha magro (ver p.48)
¼ de xícara de queijo de minas ralado
3 colheres de azeite de oliva
1 cebola média picada
sal a gosto

Bata no liquidificador o milho com o leite. Em uma panela, refogue a cebola no azeite de oliva, logo após acrescente a farinha, mexendo bem.

Substitua pão branco por pão integral.

Acrescente o milho liquidificado com o leite e mais o caldo de galinha, mexendo sempre e deixando cozinhar até engrossar ligeiramente. Adicione o queijo ralado e tempere com sal. Mexa e sirva bem quente.

Uma refeição gordurosa leva até seis horas para ser digerida, enquanto uma refeição rica em carboidratos não necessita mais do que duas horas de digestão.

Sopa doce de cerveja

❏ Quando chegam os dias chuvosos, com temperaturas mais baixas, chega a hora das comidas que aquecem. Uma dica um pouco estranha, mas muito saborosa, é a sopa doce de cerveja. Exatamente, você leu bem: **sopa doce de cerveja!** A sopa doce de cerveja pode ser consumida por crianças e por pessoas com restrições ao álcool sem problemas, porque vai ao fogo, ferve, e o álcool se dissipa. A sopa doce de cerveja serve como lanche numa tarde de chuva, serve como sobremesa, e a receita é muito fácil. É tudo na base do número 3. Inicie colocando 3 xícaras de cerveja numa panela e levando ao fogo. Deixe ferver por três minutos. Retire do fogo. No liquidificador, bata 3 claras, 3 xícaras de leite, 3 colheres de açúcar (que você pode substituir por 3 colheres daquele adoçante que pode ir ao fogo) e 3 colheres de maisena. Coloque esta mistura do liquidificador na panela, junto com a cerveja fervendo, e mexa até engrossar. Sirva bem quente, polvilhada com canela. Não há frio, não há tarde chuvosa que resista.

Não há uma dieta saudável que seja aplicável a todas as pessoas. Os gostos pessoais devem ser respeitados.

RECEITAS DISCUTIDAS, COMENTADAS E RECOMENDADAS PELO DOUTOR E PELO GOURMET

Nestas receitas, um tentou colocar sua colher de pau no trabalho do outro até sair um produto final saudável e saboroso

CALDO DE GALINHA MAGRO

1 carcaça de galinha ou frango sem gordura visível
3 litros de água
100g de carne bovina magra
3 dentes de alho picados
3 cebolas médias cortadas em rodelas
3 tomates cortados em cubos
3 cenouras limpas e cortadas em rodelas
2 nabos pequenos limpos e cortados em pedaços médios
cheiro-verde
louro
manjerona
alho

Dica antigordura: retire cuidadosamente antes e depois de cozinhar a gordura existente nas carnes de qualquer tipo. Retire a pele da galinha.

Pode-se usar, eventualmente, partes da galinha que não sejam utilizadas em outras preparações, como pescoço, asinhas, etc. Coloque numa panela os pedaços de carcaça (e outras partes de frango que tiver disponíveis), mais a carne bovina magra, o alho, as rodelas de cebola, as cenouras, os nabos e os tomates.

Cubra com água fria (em quantidade suficiente para cozinhar bem a galinha e de acordo com o volume de caldo que desejar), acrescentando o cheiro-verde, um pedacinho de louro e um galhinho de manjerona. Se quiser, acrescente outros vegetais, a gosto.

Quando ferver, baixe o fogo e deixe em fogo brando no mínimo uma hora e meia. Quando o caldo estiver bem consistente, desligue o fogo e deixe esfriar. Quando esfriar, de preferência no freezer ou refrigerador, retire toda a gordura que ficou na superfície, coe e está pronto para ser utilizado como base para molhos, sopas e diversos pratos. Justamente porque vai ser utilizado em outras preparações, não se usa sal ou pimenta. Também dizem que o sal, no cozimento, destrói parte das proteínas.

Rendimento: 10 porções

Valores nutricionais por porção: 125,1kcal; 1,76g de fibras; 167,6g de sódio e 50,2mg de colesterol.

Indicações: Dietas menos calóricas, com menos colesterol e mais fibras. Este caldo vai ser usado na composição de outras receitas deste livro.

Os hipertensos sentem menos o gosto de sal e por isso salgam mais a comida.

COMENTÁRIO DO DOUTOR

Está aí uma forma de obter sabor sem abusar da gordura. Mas cuidado com o sal! Além de destruir parte das proteínas durante o cozimento, pode reter líquido no seu corpo, fazendo subir a sua pressão arterial se você já tem tendência à hipertensão. Seja moderado e acostume sua família a comer menos sal.

CALDO DE CARNE MAGRO MAIS INCREMENTADO

3 litros de água
1kg de carne bovina com osso (ossobuco e/ou um bom pedaço de ponta da agulha, peito ou coxão duro)
3 cenouras limpas e cortadas ao meio
2 nabos pequenos limpos e cortados em pedaços médios
3 cebolas médias
3 tomates limpos e cortados em quatro
alho-poró limpo e picado grosso
3 dentes de alho socados com sal

Coloque numa panela grande a carne, os ossos e os demais ingredientes e cubra com água.

Tampe a panela e deixe ferver durante duas horas ou por mais tempo, até que a carne esteja bem macia, quase se desmanchando.

Quando o caldo começar a reduzir, está pronto. Deixe esfriar, de preferência no freezer ou refrigerador, e retire com uma colher toda a gordura que ficou na superfície. Coe-o e use ou guarde. Pode ser congelado, dividindo-se em partes para maior comodidade.

Depois de pronto, coe e empregue em qualquer sopa. O caldo de carne é uma elaboração simples e serve de base para diversos molhos e sopas. Também aqui, como se disse no caldo de galinha, pelo fato de ser utilizado em outras preparações, não se usa sal ou pimenta.

Rendimento: 10 porções

Valores nutricionais por porção: 125Kcal; 1,7g de fibras; 167,6mg de sódio e 50,2mg de colesterol.

Indicações: Dietas menos calóricas, com menos colesterol e mais fibras. Este caldo vai ser usado na composição de outras receitas deste livro.

COMENTÁRIO DO DOUTOR

Este caldo tem mais "qualidades" do que o anterior pois apresenta em sua composição alho, cebola, nabo e alho-poró, que são alimentos ricos em bioflavonoides. Além disso, cenoura e tomate são ricos em betacaroteno (ver glossário) e licopeno (ver glossário), respectivamente. Todos são antioxidantes (ver glossário) que agem no organismo reduzindo a ação de radicais livres (ver glossário), cuja ação participa ativamente do nosso processo de envelhecimento. Ou na geração de câncer, principalmente de próstata. Radicais livres são toxinas que o or-

---

Para perder peso, reduzir a ingestão de calorias continua sendo o melhor sistema.

ganismo descarrega na circulação e que terminam por agredir as nossas artérias. O hábito de fumar e até o fumo passivo em ambientes fechados estimulam a sua produção. Além disso, a poluição do ar e a ingestão de gorduras (sempre as gorduras!) também eliminam radicais livres para a circulação. Radicais livres são como se o automóvel tivesse o cano de descarga liberando dejetos para dentro do carro. Radicais livres parecem ser a grande causa de envelhecimento. Para antagonizá-los, contamos com vitaminas B, C,E e betacaroteno.

CREME DE TOMATE

1kg de tomates
2 cenouras
2 cebolas
2 talos de aipo
1 litro de caldo de carne magro
1 colher de requeijão light
1 colher de farinha de trigo
sal e açúcar

Bata todos os ingredientes no liquidificador. Leve ao fogo numa panela. Depois de ferver, baixe o fogo e deixe cozinhar por uma hora. Se estiver espesso, coloque mais um pouco de água, caso contrário, mais um pouco de farinha.

Rendimento: 2 porções

Tomate contém licopeno, um antioxidante potente que reduz câncer de próstata, de colo uterino de intestino.

Valores nutricionais por porção: 297kcal; 2g de fibras; 102mg de sódio e 99mg de colesterol.

Indicações: Refeições com menos calorias, menos sódio e menos colesterol.

COMENTÁRIOS DO DOUTOR

Licopeno é um antioxidante existente no tomate que não é destruído ao ser cozido ou ao ser enlatado. Ele é potente antioxidante que parece contribuir na redução do câncer de próstata e outros quando ingerimos tomate ou algum de seus derivados todos os dias. Esta receita cai bem para quem quer prevenir antes do que remediar.

CREME DE ALFACE

500g de folhas de alface (use aquelas que ficam feias para a salada)
1 colher de sopa de farinha
1 litro de caldo de galinha magro (ver receita p. 48)
1 colher de requeijão light
1 clara
sal
pimenta

Para preparar esta sopa, utilize as folhas mais duras e escuras da alface e que geralmente não se aproveitam para salada (são as mais vitaminadas). Bata os

---

Comer tomates diariamente reduz a incidência de onze tipos diferentes de câncer.

ingredientes no liquidificador e cozinhe numa panela com tampa, durante meia hora.

Sirva com quadradinhos de pão torrado.

Rendimento: 4 porções

Valores nutricionais por porção: 124kcal; 1g de fibra; 67mg de sódio; 56,12mg de Colesterol.

Indicações: Dietas com restrição de calorias, de sódio e de colesterol.

COMENTÁRIO DO DOUTOR

Infelizmente, muito pouca vitamina resta depois de meia hora de fervura da alface. Porém, o ácido fólico parece permanecer, o que é uma enorme vantagem, porque ele antagoniza a homocisteína, que será certamente conhecida como o colesterol do novo milênio, uma vez que provoca como ele a obstrução das artérias. Coma os vegetais crus ou pouco cozidos. Cozinhando demasiadamente os vegetais, destruímos principalmente as vitaminas B e C. Por exemplo, alface e repolho cozido perdem 75% do seu conteúdo em vitamina C. Ervilha perde 40% de sua vitamina B (tiamina) em apenas 5 minutos de fervura.

SOPA DE PEIXE

1kg de peixe
½ pimentão verde
½ pimentão vermelho

Vegetais congelados ou enlatados perdem suas vitaminas. Prefira vegetais frescos.

2 dentes de alho
sal grosso
3 colheres de extrato de tomate
1 cebola
água

Numa panela com antiaderente, refoga-se a cebola picada, os dentes de alho esmagados, os pimentões cortados em tiras fininhas, o extrato de tomate, a folha de louro e deixa-se cozinhar um pouco. Em seguida, coloca-se na panela o peixe cortado em pedaços, o sal grosso e 2 litros de água. Deixe cozinhar até o peixe ficar bem cozido.

Rendimento: 8 porções

Valores nutricionais por porção: 58,25kcal; 3g de fibras; 123mg de sódio e 42mg de colesterol.

Indicações: Dietas com restrição de calorias, de sódio e de colesterol.

COMENTÁRIO DO DOUTOR

Selecionando o peixe

O peixe desta receita também deve ser bem escolhido. Há peixes mais gordurosos que outros. Há também o recurso de retirarmos a gordura que sobrenada após esfriar a sopa. Ao comprar peixe, devem prevalecer os mesmos cuidados da compra da carne vermelha: evitar a gordura visível. Mas, cuidado, porque gordura de peixe raramente é amarela,

---

Você não precisa ingerir mais do que três gramas de sal por dia. Uma tampa de caneta Bic cheia contém um grama de sal.

geralmente é cinza-escura, quase preta. Após cozida, esta gordura situada usualmente abaixo da pele e nas bochechas torna-se uma camada quase preta, facilmente removível com o garfo. Os peixes de água doce tendem a apresentar mais gorduras saturadas do que os de água salgada. Os mais saudáveis são os de águas frias, como a truta, o salmão, o atum e o bacalhau, cuja gordura é poli-insaturada, constituída principalmente do ômega-3 (ver glossário). Os peixes

Comer peixe 3 vezes por semana já lhe garante benefícios.

de águas quentes são o linguado, o congro, a pescada e a garoupa, que também tem ácidos graxos ômega-3 porém em menor quantidade. Os peixes de escamas geralmente apresentam menos gordura saturada do que os de couro.

SOPA DE PIMENTÃO AMARELO

1 aipo
1 cebola
2 cenouras
azeite de oliva
6 pimentões amarelos sem sementes
1 litro de água
2 xícaras de caldo de galinha magro (ver p.48)
2 batatas
sal e pimenta
folhas de louro
1 xícara de leite desnatado
queijo de minas

Pique o aipo, a cebola e as cenouras. Coloque numa panela azeite de oliva e refogue-os até que fiquem macios. Corte em tiras os pimentões amarelos e adicione-os à panela. Cubra com um litro de água e 2 xícaras de caldo de galinha magro desengordurado. Junte 2 batatas cortadas em pedaços. Deixe ferver por cerca de 25 minutos. Acrescente sal, pimenta, folhas de louro e o leite desnatado. Liquidifique tudo e sirva com pão e queijo de minas ralado.

Aipo contém vitamina A, potássio e cálcio, além de fibras.

Rendimento: 4 porções

Valores nutricionais por porção: 103,7kcal; 3g de fibras; 213mg de sódio e zero de colesterol.

Indicações: Dietas com baixas calorias, menos colesterol, menos gorduras, menos sódio e mais fibras.

COMENTÁRIO DO DOUTOR

Sopas são excelentes para driblar a fome sem cometer excessos. Esta é uma sopa saborosa e suave. Claro que o queijo parmesão torna-a mais rica em gorduras, porém, meu pai e meu avô considerariam um sacrilégio tomar sopa sem queijo ralado. Afinal de contas, um pequeno pecado de vez em quando não faz tão mal assim. De qualquer forma, sempre existe a possibilidade de ralar o queijo de minas, e fica muito bom.

GAZPACHO

1 xícara de pepinos em conserva
1 pimentão vermelho
1 pimentão verde
1 molho de salsão
1 punhado de manjericão fresco
1 cebola média
2 tomates grandes
1 copo de suco de limão
2 colheres de molho de soja

Vegetais amarelos são ricos em flavonoides.

2 colheres de vinagre
gelo (2 litros, aproximadamente)
água gelada (1 litro, aproximadamente)
cubinhos de pão com alho e azeite de oliva torrados no forno

O gazpacho é uma sopa gelada espanhola, originalmente preparada numa vasilha de barro, onde os diversos ingredientes eram misturados e esmagados, misturando-se depois com água fria. Atualmente, proliferam as receitas de gazpacho, que variam de região para região da Espanha, e mudam mais ainda quando viajam para outros países. A ideia geral é a mistura de vegetais crus, esmagados ou liquidificados, formando uma sopa gelada.

Bata todos os ingredientes, incluindo o gelo, com exceção dos cubos de pão com alho. Bata no liquidificador por uns dois minutos, servindo em seguida em prato de sopa ou tigela de consomê, colocando por cima, para boiar na superfície, os cubinhos de pão torrado com alho e azeite de oliva.

Rendimento: 4 porções

Valores nutricionais por porção: 123,5kcal; 4g de fibras; 225mg de sódio e zero de colesterol.

Indicações: Dietas com restrição de calorias, de colesterol, de gorduras, de sódio e ricas em fibras.

Pimentões vermelhos, frutas vermelhas também contêm licopeno, um anticancerígeno importante principalmente para os homens.

COMENTÁRIO DO DOUTOR

As sopas frias têm progressiva aceitação devido ao clima tropical brasileiro, apesar de terem se originado na Europa. A vantagem é que vegetais crus ou pouco cozidos mantêm suas propriedades naturais, principalmente suas vitaminas (ver glossário). Nunca esqueço, porém, uma noite muito fria em Londres, convidado para jantar na casa de um amigo, sorri de satisfação ao ver que seria servido um belo prato de sopa. Em seguida, tive dificuldade de esconder a minha decepção ao notar que a sopa era tão fria quanto minhas mãos, pés e nariz gelados.

CALDO DE SALMÃO

espinha, pele, cabeça e rabo de salmão
2 litros de água
2 cebolas
3 cenouras
3 tomates

Quando você pedir para o peixeiro retirar os filés do salmão, não permita que ele jogue no lixo o espinhaço, a pele, a cabeça e o rabo do salmão. Tudo isso é material para um caldo precioso. Coloque esses pedaços de salmão numa panela ampla com água. Leve ao fogo. Acrescente as cebolas, as cenouras e os tomates

---

Coma os vegetais crus ou pouco cozidos. Cozinhando demasiadamente os vegetais, destruímos principalmente as vitaminas B e C.

picados. Deixe ferver por uma hora, mais ou menos. Retire do fogo. Depois coe o caldo. Sirva bem quente, como entrada. Ou guarde na geladeira em forminhas para preparar molhos ou outros pratos.

Rendimento: 10 porções

Valores nutricionais: 62,4kcal; zero de fibras; 161,4mg de sódio e 24,5 mg de colesterol.

Indicações: Dietas com restrição de calorias, de gorduras, de sódio e ricas em fibras.

Salmão, sardinha, anchova, peixe espada, truta, bacalhau contêm o ácido graxo insaturado ômega-3, eficiente em baixar o colesterol.

SALADAS

SALADA CAPRESA

tomates gaúchos
mozarela de búfala

molho:
3 colheres de azeite de oliva
1 xícara de vinagre (comum ou balsâmico)
2 colheres de orégano

Corte ao meio os tomates, que devem ser grandes, colocando-os emborcados no prato da entrada. Faça um corte na parte de cima das metades emborcadas, introduzindo ali, como uma cunha, uma fatia da mozarela, em cada um. Regue com o molho. O jornalista e cozinheiro Silvio Lancellotti, que apresentou esta receita no programa do Anonymus Gourmet, ensina que esta entrada pode ser servida quente ou fria. Se quente, vai ao forno apenas o tempo suficiente para derreter o queijo. As porções são individuais.

Inicie suas refeições pela salada. Você terminará comendo menos e digerindo melhor.

Rendimento: 4 porções

Valores nutricionais por porção: 40,75kcal; 1g fibra; 27 g de sódio; 5,5 mg de colesterol.

Indicações: Dietas com restrição de calorias, de colesterol, de sal e ricas em fibras.

Prefira farinha de trigo integral, arroz integral, centeio, aveia e massas. São a melhor fonte de fibras e reduzem a incidência de infarto, câncer e derrame.

COMENTÁRIO DO DOUTOR

Tomate é certamente um grande ingrediente para quem quer evitar câncer de próstata. Aparentemente quem come tomate 5 vezes por semana tem já seus efeitos benéficos assegurados. O licopeno, responsável por esta proeza, é estável inclusive depois da fervura ou ao ser enlatado como massa de tomate.

Nesta receita, a substituição do queijo de búfala por queijo branco tipo queijo de minas, reduz ainda mais a gordura e não muda muito o sabor. Aliás, o queijo de minas é uma especialidade brasileira difícil de ser encontrada em outros países com mesmo gosto e consistência, e pelo baixo teor de gordura, é a grande solução para os "queijófilos" que tenham colesterol elevado. Pode ser também ralado.

SALADA DE FRANGO AO CURRY

½kg de peito de frango sem osso
2 xícaras de caldo de galinha magro
1 xícara de chá de uva Itália
1 pote de iogurte natural desnatado
1 colher de sopa de suco de limão
1 colher de chá de curry
1 colher de sopa de salsa picada
½ colher de chá de sal

Em uma panela, coloque o peito de frango com duas xícaras de caldo de galinha. Deixe cozinhar, até ficar

---

Prefira queijos com baixo conteúdo de sal e de gordura. Os melhores são os queijos brancos tipo queijo de minas.

macio. Retire do fogo deixe esfriar. Corte em cubos, coloque em uma tigela e reserve. Lave as uvas, corte-as ao meio, retire as sementes e junte ao frango. À parte, misture o iogurte, o suco de limão, o curry, a salsa, o sal e incorpore ao frango e às uvas.

Rendimento: 5 porções

Valores nutricionais por porção: 268kcal; 1g de fibras; 364mg de sódio; 83,8mg de colesterol.

Indicações: Dietas com restrição de calorias, de sal e de colesterol.

COMENTÁRIO DO DOUTOR

Este é o exemplo de receita saborosa com ingredientes sadios. É a prova de que em termos de alimentação não necessitamos encarar o que odiamos, para sermos saudáveis.

MUSSE DE PEPINO

2 xícaras de pepinos naturais picados
1 xícara de iogurte natural desnatado
1 xícara de gelatina de limão em pó previamente dissolvida em água fervente
1 colher de cebola picada
gotas de limão
1 colher de vinagre
1 colher de chá de sal

Pepinos naturais contêm fibras e baixo teor em calorias.

Bata todos ingredientes no liquidificador. A seguir, derrame em forminhas individuais ou numa forma grande (em qualquer hipótese, a forma molhada, para facilitar quando ficar pronto) levando à refrigeração por 4 horas.

Rendimento: 4 porções

Valores nutricionais por porção: 53kcal; 4g de fibras; 14,7mg de sódio, zero de colesterol.

Indicações: Dietas com restrição de calorias, de sódio, de colesterol e ricas em fibras.

COMENTÁRIO DO DOUTOR

A providência do Anonymus de usar pepinos naturais e não em conserva nesta receita é fundamental, porque pepinos em conserva podem ter alto teor de sal, necessário à sua conservação. Uma porção de 100g de pepinos em conserva contém 1g de sódio (ou seja, mais de 2g de sal de cozinha), o que é dois terços do sal necessário e permitido durante o dia inteiro. Para os hipertensos, especialmente, é preciso cuidado com as conservas em geral. Observe que o uso de limão nas receitas (veja também na receita anterior) tem um benefício maior do que só o sabor único que ele imprime aos alimentos. O limão é rico em vitamina C, a estrela das vitaminas. Ela atua antagonizando radicais livres, estes que provocam o envelhecimento das células. Além do limão, você pode abastecer-se dela comendo brócolis, broto de

---

A vitamina C é a estrela das vitaminas. Abasteça-se dela comendo brócolis, couve-flor, morangos, kiwi, acerola, alface, laranja, limão.

sementes (feijão, por exemplo), couve-flor, morangos, kiwi e laranja.

SALADA DE MACARRÃO LIGHT

500g de macarrão (parafuso)
300g de vagens
3 tomates grandes cortados em filetes
2 cebolas cortadas em fatias (ficando em argolas)
1 lata de atum em água e sal
1 copo de alcaparras
2 xícaras de iogurte natural desnatado
azeite de oliva
vinagre

Ferva as vagens e o macarrão separadamente. Corte as vagens em pedaços pequenos. Escalde as cebolas. Escorra o atum e as alcaparras. Misture bem o iogurte, o vinagre e o azeite de oliva, formando um creme homogêneo. Tempere com pimenta a gosto. Misture todos os ingredientes numa saladeira. Sirva gelada.

Rendimento: 2 porções

Valores nutricionais por porção: 297kcal; 2g de fibras; 102mg de sódio e 99mg de colesterol.

Indicações: Refeições com menos calorias, menos sódio e menos colesterol.

COMENTÁRIO DO DOUTOR

A qualidade desta receita está em evitar gorduras

Óleos vegetais como de oliva, de canola, de milho e outros são ricos em gorduras monoinsaturadas e considerados saudáveis, pois baixam o colesterol.

saturadas. Mas cuidado com o sal das alcaparras e do atum. Este último já contém 324mg de sódio em uma porção de 100g, por isso não é necessário acrescentar sal à receita.

MAIONESE SEM GEMAS DE OVOS

*1 cenoura média
½ copo de leite desnatado
3 claras de ovos cruas
gotas de suco de limão
sal a gosto*

Bata no liquidificador os ingredientes, acrescentando azeite de oliva até obter o ponto da maionese.

Rendimento: 3 porções

Valores nutricionais por porção: 36kcal; 1g de fibra; 65mg de sódio; zero de colesterol.

Indicações: dietas com poucas calorias, com restrição de sal e sódio e com restrição de colesterol.

COMENTÁRIO DO DOUTOR

Trata-se de uma das maiores invenções da culinária. Quem diria que a cenoura pudesse dar cor, consistência e quase o sabor das gemas de ovos? O uso de ovos sofreu ao longo do tempo uma longa discussão, dividindo amigos e inimigos das galinhas. Mas a verdade é que apenas uma gema já contém a quantidade diária aceitável de colesterol.

Lembre-se que 70% da gordura que você ingere termina depositando-se em algum lugar de seu corpo.

SALADA COR-DE-ROSA

2 cenouras cruas raladas
1 beterraba crua ralada
3 bananas picadas
2 maçãs picadas
1 xícara de maionese sem gemas
sal e pimenta a gosto

Misture todos os ingredientes e sirva fria.

Prefira uma dieta com pouca carne e muito peixe ou aves.

Rendimento: 3 porções

Valores nutricionais por porção: 251kcal; 8g de fibras; 53mg de sódio e zero de colesterol.

Indicações: Dietas com restrição de calorias, de colesterol, de gorduras, de sódio e com mais fibras.

COMENTÁRIO DO DOUTOR

Em questão de saladas saudáveis, a criatividade não tem limites. Associando-se frutas, grãos, verduras e legumes, temperando-os com um molho "inofensivo", obteremos sempre um produto final de boa qualidade.

SALADA PRINCESA

folhas de alface americana
folhas de rúcula
tomates-cereja
tiras de um bom queijo de minas

Rasgue as folhas com as mãos e misture-as. Acomode em um prato e decore-as com os tomates-cerejas cortados em 4 partes e com as tiras de queijo.

Para o molho: azeite de oliva, sal, pimenta, vinagre balsâmico, todos os ingredientes bem misturados. Este molho deverá acompanhar a salada.

Rendimento: 4 porções

Valores nutricionais por porção: 100kcal; 5g de fibras; 67mg de sódio e 25mg de colesterol.

Aprenda a não usar sal nas saladas. Vinagre e azeite já são suficientes como tempero.

Indicações: Dietas com restrição de calorias, colesterol, de gorduras, de sódio e com mais fibra.

COMENTÁRIO DO DOUTOR

Esta salada é saborosa e criativa, pois contém vegetais verdes de cor intensa que são as mais carregadas de bioflavonoides (ver glossário) e frutas vermelhas com licopeno, além de queijo sem gordura com bom conteúdo de cálcio. Só tem qualidades. Meu amigo Anonymus está cada vez melhor.

Coma vegetais crus no início da refeição (saladas), pois eles liberam, além de vitaminas, enzimas para a sua digestão.

GALANTINA DE TOMATE

1 colher de gelatina em pó sem sabor
1½ xícara de suco de tomate
¼ de colher de chá de açúcar
alguns grãos de pimenta e sal a gosto
½ cebola média bem picada
1 colher de pimentão vermelho picado
1 tomate pequeno, muito vermelho, bem picadinho
1 talo de salsão (aipo) picado

Misture ½ xícara de suco de tomate com a gelatina e deixe descansar durante 5 minutos para que ela se dissolva. Uma boa dica é usar a gelatina vermelha sem sabor. Aqueça levemente, sem deixar ferver, o restante do suco de tomate juntamente com os outros ingredientes que estão bem picados, misturando-os bem com a gelatina dissolvida em suco. Despeje em tigelinhas individuais ou numa forma de pudim, cuidando que os ingredientes sólidos picados fiquem bem espalhados, para melhorar o efeito quando a gelatina endurecer. Leve à geladeira até que fique bem firme e sirva geladinho sobre folhas de alface.

Rendimento: 4 porções

Valores nutricionais por porção: 31kcal; 2g de fibras; 43,12mg de sódio e 21,5mg de colesterol.

Indicações: Dietas com restrição de calorias, de colesterol, de gorduras, de sódio e com mais fibras.

Cebola é o alimento mais rico em quercitina, um bioflavonoide antioxidante anticancerígeno e antiaterosclerose também encontrado no vinho.

COMENTÁRIO DO DOUTOR

Sem dúvida, uma receita simples com baixo poder calórico, mas com sabor e charme. Quem necessita perder peso, deve valer-se deste tipo de receita, pois elas enchem os olhos, expandem o estômago, tiram a fome, mas transferem nenhuma gordura e pouca caloria. Outras qualidades desta receita são a preservação das propriedades vitamínicas dos vegetais, por não serem fervidos, e o grande conteúdo de licopeno, uma substância importante na prevenção dos problemas de próstata.

FALSA MAIONESE DE PÊSSEGOS

1 pote de requeijão light
3 potes de iogurte natural desnatado
1 vidro de cogumelos em conserva
1 lata de pêssegos em calda cortados em quatro partes
2 cenouras cortadas em rodelas finas
tomates-cereja
4 batatas cozidas e cortadas em cubos
100g de passas
1 punhado de manjericão

As batatas não devem ser cozidas demais. Numa travessa ou recipiente amplo, misture delicadamente os ingredientes. O requeijão e o iogurte podem ser previamente misturados, para que fique uma pasta

---

Use só derivados do leite desnatados ou da linha light, como o requeijão.

homogênea, facilitando a preparação. Ao final, espalhe o manjericão e as passas por cima, e também um fio de azeite de oliva. Opcionalmente, tempere com um copo de suco de lima.

Rendimento: 4 porções

Valores nutricionais por porção: 398kcal; 6g de fibras; 10mg de sódio e 85mg de colesterol.

Indicações: Dietas com restrição de calorias, de colesterol, de gorduras, de sódio e com mais fibras.

COMENTÁRIO DO DOUTOR

O requeijão light não é tão inofensivo. Comparando-se o requeijão natural com o light observa-se que a quantidade de gordura foi reduzida neste último, mas não foi suprimida. Por exemplo, em uma porção de 30g o requeijão tradicional tem 20mg de colesterol, o light tem 10mg. O tradicional tem 7g de gordura contra 4 do light, sendo a metade composta de gorduras saturadas. Como um pote indicado na receita tem 250g, espera-se que esta falsa maionese contenha aproximadamente 300mg de colesterol e 25g de gordura saturada, o que não é pouco. Já o iogurte natural desnatado não tem gordura saturada e nos 3 potes utilizados na receita, apenas 15mg de colesterol. Outro óbice da receita: o pêssego em calda é riquíssimo em açúcar; portanto, quem quer emagrecer não se meta!

Prefira derivados do leite desnatados ou com baixo teor de gorduras como o iogurte, o requeijão light e o queijo de minas.

PEIXES

PEIXE GOSTOSO E SAUDÁVEL

Os benefícios do peixe à alimentação saudável são bem conhecidos. Além de saudável, o peixe pode ser ainda mais gostoso. O leite deixa o peixe mais macio e saboroso. Se o peixe for fresco, deixe-o de molho por alguns minutos no leite, antes de temperar. Se o peixe for congelado, descongele diretamente no leite: ele vai ficar com sabor de peixe fresco. Para saber se um peixe está fresco, observe os seguintes detalhes: ele deve ter olhos e escamas brilhantes, guelras bem vermelhas e carne rija, resistente à pressão dos dedos.

A observação de que os esquimós praticamente não apresentam infarto e outras doenças vasculares causadas pela aterosclerose foi creditada à sua dieta, associada a uma vida regrada e com pouco estresse.

Os esquimós comem basicamente peixes de águas

O ômega-3, encontrado no óleo de peixe, é uma gordura líquida duas vezes mais insaturada do que as vegetais.

frias, cozidos ou crus, que contêm grande quantidade de ômega-3, um ácido graxo poli-insaturado. O ômega-3 existe nas algas marinhas, que servem de alimento para este tipo de peixe.

O ômega-3 tem sido relacionado com a baixa do colesterol total, o aumento do colesterol bom (HDL) e a redução da obstrução dos vasos sanguíneos por gordura.

Prefira peixes de águas frias: salmão, bacalhau, atum truta. São peixes de águas quentes: linguado, côngro, pescada, garoupa.

PEIXE EM CAMADAS

1kg de peixe
2 batatas
3 tomates
2 cebolas
azeite de oliva
sal grosso

Numa panela ampla, fora do fogo, comece a fazer as camadas. Primeiro, azeite de oliva no fundo. Depois, uma camada de peixe. Coloque sal. Em seguida, faça uma camada com as cebolas cortadas em fatias finas, depois com os tomates e, em seguida, as batatas. Coloque mais um pouco de sal e mais um pouco de azeite de oliva. Faça quantas camadas forem necessárias. Tampe a panela e leve ao fogão por 1 hora, mais ou menos.

O ômega-3 é a gordura poli-insaturada dos produtos do mar e está relacionada com a redução do colesterol total e do LDL.

Rendimento: 6 porções

Valores nutricionais por porção: 265,5kcal; 2g de fibras; 1.131mg de sódio e 91 mg de colesterol.

Indicações: Dietas menos calóricas, com restrição de colesterol, de gorduras, de sódio e com mais fibras.

COMENTÁRIO DO DOUTOR

Peixe tem sido relacionado com saúde. A dieta mediterrânea associa justamente o peixe ao azeite de oliva e tem como consequência baixa incidência de infarto nas regiões banhadas pelo Mediterrâneo. Claro que o vinho em quantidade moderada também faz parte deste trio saudável. Aqui no Brasil, com 8.000Km de costa, deveríamos ser mais hábeis na utilização do peixe como alimento saudável. Confio na competência de meu amigo Anonymus Gourmet para mudar este quadro. Para viver muito, aprenda a comer peixe. Mas antes aprenda a escolhê-lo e prepará-lo.

PEIXE COM BANANAS

1kg de filé de linguado
sal e pimenta a gosto
caldo de um limão
molho de verduras (ver receita p. 104)
fatias de queijo mozarela
bananas cortadas ao comprido
margarina light e azeite de oliva
queijo ralado

Banana contém bastante potássio, o que pode ser benéfico para quem toma diuréticos e sofre de hipertensão arterial.

Tempere o peixe com sal, pimenta e o caldo de limão. Coloque-o em uma forma untada com o azeite de oliva. Sobre ele, coloque uma camada de queijo mozarela picado. Depois as bananas. Por fim, acrescente o molho de verduras. Polvilhe com queijo ralado e leve ao forno.

Rendimento: 6 porções

Valores nutricionais por porção: 313kcal; 1g de fibra; 219mg de sódio e 113,8mg de colesterol.

Indicações: Preparações com teor reduzido de calorias, dietas com restrição de colesterol, de gorduras e de sódio.

COMENTÁRIO DO DOUTOR

Banana contém bastante potássio, o que pode ser benéfico para quem toma diuréticos e sofre de hipertensão arterial. Esta receita obviamente não é pobre em calorias, mas não contém nenhum pecado maior contra a saúde. A manteiga, tão usada na culinária e riquíssima em gorduras saturadas, foi substituída por margarina light. Esta é uma solução que pode não ser tão saborosa, mas é evidentemente melhor do ponto de vista de saúde. Discute-se muito hoje o papel das margarinas cremosas hidrogenadas (ver glossário). Esta é a forma que a indústria achou para solidificar as gorduras insaturadas, através de um processo de hidrogenação artificial. Porém ainda não é a solução ideal pois as margarinas

---

Prefira margarina light ou halvarinas (ver glossário) no lugar de manteiga.

são gorduras vegetais saturadas artificialmente. Deve-se preferir as mais cremosas, menos sólidas e, portanto, menos saturadas.

LINGUADO AO REQUEIJÃO

1kg de filé de linguado
1 garrafa de vinho branco seco
2 vidros de requeijão light
100g de queijo parmesão ralado
1 vidro de alcaparras
sal
pimenta branca em pó
limão

Tempere os filés de linguado com sal, pimenta branca e limão. Coloque-os numa forma e cubra com vinho branco seco. Leve ao fogão, sobre duas bocas, até o vinho ferver. Reserve.

Enquanto isso, cubra o fundo e as laterais de uma forma refratária com requeijão light bem farto. Lave bem as alcaparras para tirar o sal.

Coloque os filés de linguado sobre o "colchão" de requeijão light. Decore o prato com alcaparras e leve ao forno.

Retire, cubra com queijo parmesão ralado e retorne ao forno por mais 5 minutos para gratinar.

Rendimento: 4 porções

Um limite diário de 2.000 calorias é suficiente para a manutenção do organismo. O que ingerimos a mais deposita-se em algum lugar.

Valores nutricionais por porção: 853kcal; zero de fibras; 1.460mg de sódio e 221mg de colesterol.

Indicações: Dietas com restrição de gorduras.

COMENTÁRIO DO DOUTOR

Nem todas as receitas do meu amigo Anonymus são inocentes. Esta é uma boa receita de peixe para quem

Coma feijão "pobre", sem gordura saturada. É rico em fibras, minerais e vitaminas, mas principalmente em ferro.

não tem preocupações com o peso. Observem também que o conteúdo de colesterol e sódio é maior do que o usual em outras receitas.

SALMÃO NO FORNO

filé de salmão
sal
suco de 1 limão
pimenta
orégano

Receita do ator Zé Victor Castiel. A dica é comprar o peixe inteiro e pedir para o peixeiro tirar o filé. Sai mais barato. Primeiro tempere o filé de salmão dos dois lados com limão, sal e pimenta. Numa assadeira bem untada com azeite de oliva, coloque o salmão, com o lado da gordura para baixo.

Forno forte no início, e forno médio depois, em torno de 30 minutos. Cuide que a parte de cima fique dourada. Se o seu forno tiver grill, use o dispositivo no final. Depois de pronto, retire e sirva em seguida, espalhando um pouco mais de azeite de oliva por cima e polvilhando com um pouco de orégano.

Rendimento: 4 porções

Valores nutricionais por porção: 312,3kcal; zero de fibras; 1014,25mg de sódio e 112,5mg de colesterol.

Gorduras insaturadas reduzem o colesterol no sangue e aumentam o colesterol bom (HDL).

Indicações: Dietas com restrição de calorias, de colesterol, de gorduras e de sódio.

COMENTÁRIO DO DOUTOR

O salmão tem farto conteúdo de ômega-3, o ácido graxo poli-insaturado benéfico à saúde. Preparando-o no forno ou na grelha com temperos e sal fica saboroso e não se carrega de gorduras próprias dos molhos que frequentemente são usados. O Zé Vitor Castiel sabe das coisas.

As gorduras vegetais são, geralmente, insaturadas, enquanto as animais são saturadas.

PEIXE X CARNE VERMELHA

OPINIÃO DO ANONYMUS

❑ Os portugueses têm um ditado popular que diz: "Peixe não puxa carroça", sugerindo que peixe, uma comida leve e de fácil digestão, não é tão nutritivo quanto a carne, por exemplo.

Em 100g de peito de galinha existem 4,5g de gordura, enquanto na carne escura há 9,7g.

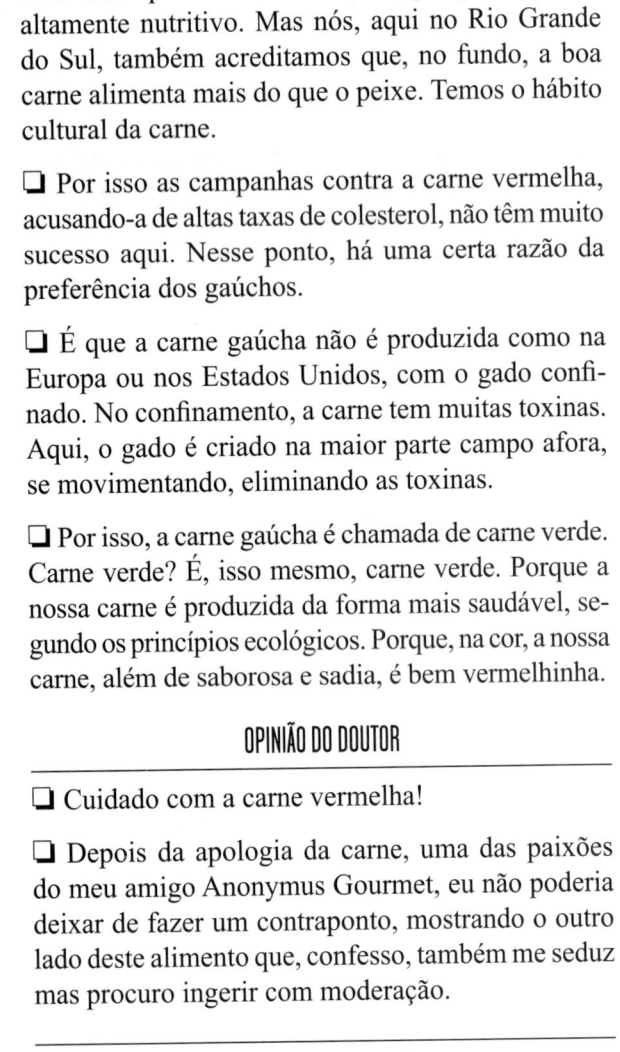

❑ É claro que isso não é verdade, porque o peixe é altamente nutritivo. Mas nós, aqui no Rio Grande do Sul, também acreditamos que, no fundo, a boa carne alimenta mais do que o peixe. Temos o hábito cultural da carne.

❑ Por isso as campanhas contra a carne vermelha, acusando-a de altas taxas de colesterol, não têm muito sucesso aqui. Nesse ponto, há uma certa razão da preferência dos gaúchos.

❑ É que a carne gaúcha não é produzida como na Europa ou nos Estados Unidos, com o gado confinado. No confinamento, a carne tem muitas toxinas. Aqui, o gado é criado na maior parte campo afora, se movimentando, eliminando as toxinas.

❑ Por isso, a carne gaúcha é chamada de carne verde. Carne verde? É, isso mesmo, carne verde. Porque a nossa carne é produzida da forma mais saudável, segundo os princípios ecológicos. Porque, na cor, a nossa carne, além de saborosa e sadia, é bem vermelhinha.

OPINIÃO DO DOUTOR

❑ Cuidado com a carne vermelha!

❑ Depois da apologia da carne, uma das paixões do meu amigo Anonymus Gourmet, eu não poderia deixar de fazer um contraponto, mostrando o outro lado deste alimento que, confesso, também me seduz mas procuro ingerir com moderação.

Colesterol é um produto do fígado humano e de animais. Não cresce em árvores. Por isso, evite as gorduras animais.

OS SETE PECADOS DA CARNE SEGUNDO O DOUTOR

Primeiro pecado: Comer carne vermelha todos os dias.

A carne não deve ser usada como alimento diário, ao contrário do que apregoa meu amigo Anonymus Gourmet, que sugere sua retirada radical somente do café da manhã.

Segundo pecado: Não retirar a gordura visível antes de cozinhar.

Terceiro pecado: Não usar princípios corretos ao prepará-la.

Deve-se evitar frituras em altas temperaturas com óleo ou manteiga. Mesmo os grelhados não devem ser torrados, pois são gerados produtos cancerígenos. A forma mais inocente de cozimento não é certamente a mais saborosa: cozinhar em fervura leve e prolongada, desprezando o molho gorduroso que se forma e agregando-se, a seguir, um molho inocente de tomates e temperos.

Quarto pecado: Não acreditar nos malefícios do colesterol.

Querendo ou não, um bife de 300g contém aproximadamente 300mg de colesterol, a quantia total diária permitida.

70% da gordura que ingerimos deposita-se nos lugares que menos desejamos: abdômen, tórax, coxas e nádegas, principalmente.

Quinto pecado: Acreditar que a gordura que não se vê não existe.

A gordura da carne vermelha está entre as fibras.

COMENTÁRIO DO ANONYMUS

Veja, Doutor, como são as coisas... O fato de ter gordura entremeada na carne valoriza o preço dela...

Sexto pecado: Comer grande quantidade de carne à noite.

E esperar que o sono seja tranquilo. A carne necessita de um longo tempo de digestão e seu organismo estará funcionando a pleno enquanto você dorme. Pergunte ao leão ou ao tigre.

Sétimo pecado: Ensinar seus filhos a comer muita carne.

COMENTÁRIO FINAL DO DOUTOR

Sei que meu amigo Anonymus Gourmet (e também o Radicci) não está satisfeito com minha lista de pecados da carne. Mas, como também a aprecio, faço uma concessão aos que têm colesterol normal. Podem pecar 3 vezes por semana, mas com muita moderação. Ninguém é de ferro! Mas prefiram carnes vermelhas magras. Obviamente, aqui não estamos falando das saudáveis carnes brancas de peixes e aves,

---

Um grama de carboidratos contém 4 calorias. Um grama de proteínas contém 4 calorias. Um grama de gorduras contém 9 calorias.

que devem ser sempre as preferidas em todos os dias da semana.

COMENTÁRIO FINAL DO ANONYMUS

O que me preocupa é chegar ao céu e saber que não era pecado!

TÁ PRONTA A COSTELA!

QUE HÁBITO ANIMALESCO!

...E O DESGRACIATTO AINDA É VEZETARIANO

Prefira a ingestão de gorduras poli-insaturadas (óleos de milho, soja, girassol) e monoinsaturadas (óleo de oliva e canola).

CARNES

PICANHA AO MOLHO DE CERVEJA PRETA

1 picanha
cebolas
batatas
1 lata de cerveja preta
2 xícaras de caldo de carne magro (veja receita p. 50)
1 colher de sopa de farinha de trigo
azeite de oliva

Escolha uma boa forma de alumínio ou aço inox, para assar a picanha no forno. Antes disso, leve ao fogo diretamente, como se fosse uma panela, a forma bem untada com azeite de oliva, para fritar a picanha, "selando-a", isto é, deixando-a dourada por igual. Depois, tempere-a com sal e leve-a na mesma

---

A vantagem é dos vegetarianos, porque eles apresentam 28% menos risco de morrer de doença cardíaca e 38% menos de câncer.

forma ao forno. Ela já vai estar com um princípio de molho. Em outra panela, prepare o molho misturando a cerveja, o caldo de carne e a farinha diluída em água. Deixe o molho ferver e engrossar. Espalhe o molho por cima da picanha e acrescente as batatas e as cebolas com casca e bem lavadas. Deixe assar por no mínimo 1 hora e meia. Sirva bem quente.

Rendimento: 6 porções

Valores nutricionais por porção: 561,3kcal; 1g de fibras; 740mg de sódio e 176mg de colesterol

Indicações: Dietas com restrição de gorduras e de sódio.

COMENTÁRIO DO DOUTOR

Você deve evitar as gorduras saturadas. Toda a gordura sólida que você vê na carne ou nos molhos (quando estão frios) provoca reações adversas no seu organismo. Para citar apenas algumas, o infarto, o derrame cerebral (por oclusão das artérias), o câncer de cólon (ver glossário) o de mama ou o de próstata. Sem terrorismo: deixe receitas como esta para o final de semana, quando alguns pecados podem até ser aceitos. Outro cuidado: fritando insistentemente o óleo vegetal, ele termina tornando-se semelhante à gordura animal. Isto se dá por um processo químico que se chama saturação (ver glossário) e que consiste na eliminação de radicais da gordura insaturada.

As gorduras vegetais são, em geral, não saturadas e por isso mesmo mais saudáveis, pois ajudam a eliminar o colesterol.

BIFES ACEBOLADOS

1kg de carne p/bife
3 colheres de sopa de molho de soja
2 colheres de sopa de molho inglês
1 cebola e 2 dentes de alho picados fininhos
3 cebolas grandes cortadas em rodelas

Corte os bifes bem finos (bata se a carne for dura). Tempere com molho de soja (que já é levemente salgado e contém açúcar) e molho inglês. Frite numa frigideira antiaderente e reserve de modo que os bifes permaneçam quentes.

No caldo que ficou na panela, acrescente 1 colher de azeite de oliva. Esquente, mas não deixe queimar, e coloque a cebola e o alho picados, deixando fritar bem até ficar escuro. Em seguida, coloque as cebolas cortadas em rodelas e cozinhe por uns 3 minutos, acrescentando um copo de vinho tinto. Vai resultar num molho de boa consistência. Coloque esse molho por cima dos bifes e sirva.

Rendimento: 8 porções

Valores nutricionais por porção: 269,2kcal; 3g de fibras; 573mg de sódio e 125mg de colesterol.

Indicações: Dietas com restrição de colesterol, de gorduras, de sódio e mais fibras.

Nem todos os tipos de gorduras são maléficas. Dependendo da saturação, elas podem até ser saudáveis.

COMENTÁRIOS DO DOUTOR

Em matéria de carne sem dúvida a quantidade é o segredo. Um bife grande contém a quantidade diária permitida de colesterol (300 mg). As porções aqui são bifes pequenos, o que vale também para as outras receitas de carne. A moderação é a palavra-chave. O segredo é comer um pouco de tudo e não tudo de um pouco.

CARNE DE PANELA

1kg de carne de segunda sem osso (paleta ou acém)
1 xícara de cebola picada
2 tomates picados sem pele e sem sementes
3 xícaras de água
1 xícara de vinho tinto
sal
pimenta
1 folha de louro

Frite a cebola picada numa panela com antiaderente, colocando a carne quando a cebola estiver dourada. Mexa e vire a carne para obter um dourado uniforme e acrescente a água aos poucos. Quando a cor da carne estiver boa, coloque toda a água, tempere com sal e pimenta, adicione os tomates, o vinho e o louro. Tampe a panela para cozinhar até reduzir o molho e a carne ficar macia. Não deixe secar. Vá acrescentando água aos poucos, se necessário, durante o cozimento, até que a carne fique no ponto ideal.

Evite gorduras saturadas cozinhando as carnes, desprezando o molho que se forma e substituindo por outro feito de tomates e temperos.

Sirva com arroz e salada verde.

Rendimento: 8 porções

Valores nutricionais por porção: 278kcal; 1g de fibra; 334,87mg de sódio e 125,5mg de colesterol.

Indicações: Dietas com restrição de calorias, de colesterol, de gorduras e de sódio.

Se você é hipertenso, faça churrasco sem sal. Use páprica picante.

COMENTÁRIO DO DOUTOR

Este molho feito basicamente com água carrega parte da gordura que sai da carne. Neste tipo de receita o importante é a quantidade ingerida.

CARNE DE PANELA COM PINHÃO

1kg de carne de segunda sem osso (paleta ou acém)
1 xícara de cebola picada
2 colheres de purê de tomate
1kg de pinhão
2 dentes de alho esmagados
sal e pimenta

Corte a carne em cubos grandes, tempere com sal, pimenta e alho, e deixe descansar. Aqueça a panela com antiaderente, colocando a cebola para dourar, o purê de tomate e a carne para pegar uma cor. Mexa bem e deixe fritar levemente, adicionando um pouquinho de água para não grudar, se necessário. Quando a carne dourar, acrescente água suficiente para cobri-la, deixando-a cozinhar por uns 30 minutos. Se o molho reduzir muito, acrescente mais água, provando para conferir o sal e o ponto do cozimento.

Os pinhões devem ser cozidos previamente em panela à parte, com água que os cubra. Enquanto a carne cozinha, descasque os pinhões e coloque-os para cozinhar junto com a carne. Se os pinhões estiverem um

---

Evite qualquer alimento queimado ou torrado pelo risco de câncer.

pouco duros, coloque um pouco mais de água e deixe cozinhar até que fiquem macios como a carne.

Rendimento: 8 porções

Valores nutricionais por porção: 476,8kcal; 4g de fibras; 1.333,87mg de sódio e 131,8mg de colesterol.

Indicações: Dietas com restrição de colesterol, de gorduras, de sódio e com mais fibras.

COMENTÁRIO DO DOUTOR

Outra forma inteligente para preparar a carne. De novo, o fundamental é a quantidade ingerida. Uma porção da carne corresponde a 130g, que significa a ingestão de uma quantia pequena de colesterol.

CARRÊ DE OVELHA ENSOPADO COM BATATAS

1 carrê de cordeiro
2kg de batatas inglesas
1 xícara de cebola picada fininho
3 dentes de alho esmagados
4 tomates-pimenta
folhinhas de manjerona
limão

Corte o carrê nas juntas, tempere-o com pimenta (opcionalmente, pouco sal) e limão e frite-o com um mínimo de azeite de oliva numa panela com antiaderente. Quando estiver bem frito, acrescente a cebola,

---

Germe de trigo, trigo e arroz integrais, amendoim e carne de cordeiro contêm colina, que parece melhorar a memória e a função cerebral.

o alho, os tomates e a manjerona, misturando bem. Adicione um pouquinho de água, para não grudar, e, quando ferver, acrescente as batatas cortadas em cubos. Coloque água suficiente para cobrir as batatas, tampe a panela e cozinhe uns 10 minutos. Verifique o sal, acrescentando mais se necessário, e cozinhe mais 30 minutos, aproximadamente.

Rendimento: 8 porções

Valores nutricionais por porção: 678,75kcal; 3g de fibras; 196,25mg de sódio e 102,34mg de colesterol.

Indicações: Dietas com restrição de colesterol, de gorduras, de sódio e com mais fibras.

COMENTÁRIO DO DOUTOR

Como todas as carnes, o número de calorias é mais alto e a ingestão de colesterol depende da quantidade consumida. Algumas partes da ovelha contêm menos gordura do que a carne vermelha, porém não devemos considerá-la semelhante à carne branca como a dos peixes e aves.

COSTELA DE OVELHA COM TRIGO

1 pedaço de ovelha (2 ou 3kg)
2 cebolas picadas
4 dentes de alho esmagados
½ pimentão picado
1 folha de louro

Teoricamente, para emagrecer, deve-se ingerir menos de 1.400 calorias por dia.

pimenta-do-reino
sal
1kg de trigo

Corte e separe a costela em pedaços, de forma que possa ser trabalhada na panela. O trigo deve ficar de molho em água, numa panela à parte, pelo menos por 3 horas. Tempere os pedaços de costela com pouco sal, pimenta e alho e com um mínimo de azeite de oliva, refogue-os numa panela com antiaderente. Quando os pedaços de costela estiverem no ponto,

Coma sentado, em qualquer situação. Não aceite o jogo da pressa: comer de pé ou dentro do carro.

acrescente as cebolas, o pimentão e o louro, mexendo e deixando dourar. Frite bem e, a seguir, acrescente o trigo junto com a água em que estava de molho. Misture bem, corrija o sal e cozinhe em fogo baixo.

Rendimento: 10 porções

Valores nutricionais por porção: 660,8kcal; 1g de fibras; 150,4mg de sódio e 232mg de colesterol.

Indicações: Dietas com restrição de gorduras e de sódio.

COMENTÁRIO DO DOUTOR

Há uma crença popular que diz que ingerindo farinha de mandioca junto com a carne toda a sua gordura é eliminada. Não é verdade. As fibras da farinha certamente fazem com que uma parte esteja sendo eliminada pelo intestino. Mas ainda assim uma parte significativa permanece sendo atraída para a circulação. Vitamina B6 (piridoxina) pode proteger suas artérias do consumo excessivo de proteína da carne. Abasteça-se de B6 comendo, lentilha, abacate, salmão, atum, cenoura, arroz integral, banana, soja e derivados e germe de trigo.

COSTELA COM MOLHO DE LARANJA

2kg de costela magra com bastante carne
2 cebolas
2 tomates

Nos grãos integrais, nos óleos vegetais e nos vegetais verdes há vitamina E, considerada um antioxidante potente.

2 cenouras
½ garrafa de vinho branco
1 litro de suco de laranja
farinha de trigo
sal
pimenta-do-reino

Tempere a costela com sal e pimenta. Depois passe a farinha de trigo, espalhe bem por todos os lados. Coloque óleo numa panela quente e frite a costela, cortada nos "módulos" dos ossos.

Enquanto isso, bata no liquidificador as cebolas, as cenouras e os tomates com o suco de laranja e o vinho branco. Depois de liquidificados os ingredientes, leve-os à panela onde estão refogando os pedaços de costela. Misture bem.

Quando abrir a fervura, baixe o fogo e deixe cozinhar por umas duas horas, até os pedaços de costela ficarem macios e o molho ficar bem homogêneo.

Opcionalmente, acrescente no final aipim pré-cozido.

Sirva com arroz branco.

Rendimento: 8 porções

Valores nutricionais por porção: 862,5kcal; 1g de fibras; 114,25mg de sódio e 234mg de colesterol.

Indicações: Dietas com restrição de sódio.

Mastigue seus alimentos cuidadosamente.

COMENTÁRIO DO DOUTOR

A costela, apesar de muito saborosa, tem maior conteúdo de gorduras saturadas. Não existe costela completamente inocente. A sugestão para quem tem colesterol alto é evitá-la, ou deixá-la como prêmio dominical aos esforços e sacrifícios da semana. Vale para o almoço de domingo onde o perdão é mais facilmente alcançado. Costumo brincar com meus pacientes dizendo que as transgressões cometidas aos domingos são melhor toleradas pelo nosso organismo.

FILÉ DE FRANGO COM TOMATE SECO

2 peitos de frango
12 pedaços de tomate seco
rúcula
100g de queijo fatiado (mozarela, ou prato, ou lanche)
clara de 1 ovo batida

Corte cada peito de frango em dois filés, recheie com o tomate seco, rúcula e queijo. Passe os filés recheados na clara de ovo e depois na farinha de rosca. Arrume-os num refratário e leve ao forno médio por 30 minutos aproximadamente.

Sugestão de acompanhamento: creme de milho. (Receita na página 45.)

Rendimento: 4 porções

Em 100g de carne vermelha de gado há 16,7g de gordura, enquanto no peixe (salmão) existem apenas 7,5.

Valores nutricionais por porção: 234kcal; 0,5g de fibras; 189,45mg de sódio e 91mg de colesterol.

Indicações: Dietas com restrição de calorias, de colesterol, de gorduras e de sódio.

COMENTÁRIO DO DOUTOR

Observem a pequena quantidade de colesterol existente no peito de frango. Vale a pena explorar mais este tipo de carne branca, que é saborosa e saudável. Há inúmeras formas de preparo. Um bom filé de peito de frango na grelha ou na frigideira com antiaderente acompanhado de legumes pode tornar-se uma refeição simples e saborosa, principalmente em restaurantes onde o cardápio deixe poucas opções. Nesta receita, os tomates secos vêm carregados de licopeno (bom para evitar o câncer de próstata) e a rúcula agrega sabor e bioflavonoides (para baixar o colesterol). Claras de ovo são sempre inocentes e podem ser usadas fartamente por quem tem colesterol elevado.

ROCAMBOLE DE GUISADO LIGHT

1kg de guisado de primeira, magro
clara de 1 ovo
50g de azeitonas sem caroço
50g de alcaparras
100g de queijo
1 cebola
1 colher de farinha de trigo

Óleos vegetais levados a altas temperaturas por longo tempo, como nas frituras, produzem grande quantidade de radicais livres nocivos à saúde.

pouco sal
filme plástico para a modelagem

Primeiro, tempere o guisado com pouco sal (lembre-se que as azeitonas e alcaparras são salgadas), misturando bem a clara e a farinha de trigo, até ficar uma massa homogênea. Abra a massa, com as mãos, em cima do filme plástico bem esticado. Vá colocando sobre a massa de guisado primeiro a cebola bem picada, depois a azeitona, as alcaparras e as fatias de queijo. Enrole o rocambole aos poucos, com o auxílio do filme plástico, dando-lhe a forma de um cilindro. Fique bem claro que o filme plástico apenas ajuda na modelagem e não vai ao forno. Coloque numa assadeira bem untada e leve ao forno, durante 1 hora, aproximadamente.

Rendimento: 8 porções

Valores nutricionais por porção: 314kcal; 2g de fibra; 123,12mg de sódio e 89mg de colesterol.

Indicações: Refeições com menos calorias, restrição de sódio e menos colesterol.

COMENTÁRIO DO DOUTOR

Esta receita é uma excelente opção para quem tem preferências por carne vermelha no dia a dia e mesmo assim quer ingerir pequena quantidade de colesterol e poucas calorias.

Use água filtrada no preparo dos alimentos. As panelas antiaderentes facilitam o preparo de alimentos com pouco óleo. Use colher de pau para não estragá-las.

FÍGADO COM MANJERICÃO

½kg de fígado de frango
100g de nata light
1 punhado de manjericão fresco
suco de 1 laranja
2 colheres de sopa de farinha de trigo
3 colheres de sopa de azeite de oliva
sal e pimenta a gosto

Tempere os fígados com sal e pimenta. Passe-os na farinha e frite-os com azeite de oliva numa panela bem quente. Devem ficar bem passados. Retire-os da panela e reserve-os, mantendo-os aquecidos.

Enquanto isso, adicione o suco de laranja à panela soltando com uma colher de pau aquela gordura que ficou no fundo e deixe cozinhar até reduzir à metade. Junte a nata e as folhas de manjericão, cozinhando por mais uns minutos. Coloque esse molho em cima dos fígados e sirva. Enfeite o prato com folhinhas de manjericão.

Rendimento: 4 porções

Valores nutricionais por porção: 302kcal; 1g de fibras; 101,4mg de sódio e 500mg de colesterol.

Indicações: Dietas com restrição de calorias e de sódio. Não deve ser consumida por pacientes com colesterol e triglicerídios elevados.

Esqueça a nata e a aterosclerose esquecerá você.

COMENTÁRIO DO DOUTOR

Esta receita rica em gorduras saturadas e colesterol foi deixada intencionalmente aqui para que se possa fazer uma comparação com as anteriores. A introdução da nata e do fígado faz o conteúdo de colesterol ir para espaço.

Coma mais vezes durante o dia em menor quantidade.

MOLHOS

MOLHO DE VERDURAS

½kg de tomates picados
2 pimentões vermelhos picados
50g de azeitonas pretas picadas
2 cenouras picadas
1 cebola picada
1 colher de sopa de salsa e cebolinha picadas
1 clara de ovo
1 colher de sopa de maisena
1 xícara de leite desnatado
½ xícara de azeite
sal e pimenta a gosto

Liquidifique todos os ingredientes e leve ao fogo até cozinhar.

Rendimento: 4 porções

No preparo de alimentos, prefira óleo de canola, girassol ou milho. Nas saladas, use óleo de oliva.

Valores nutricionais por porção: 103kcal; 4g de fibras; 138mg de sódio e 0,8mg de colesterol.

Indicações: Dietas com restrição de calorias, colesterol, de gorduras, de sódio e ricas em fibras.

COMENTÁRIO DO DOUTOR

Este é o molho ideal pelo conteúdo desprezível de gordura saturada, e por servir como base para inúmeras receitas saudáveis. Por exemplo, se abandonarmos o molho natural gorduroso da carne de panela e transferirmos os pedaços de carne cozida para este molho de verduras, ninguém notará a diferença. Da mesma forma, pode-se usá-lo com galinha e camarão.

Açúcar e álcool contribuem com um imenso número de calorias, mas quase não têm valor nutricional.

ACOMPANHAMENTOS

TORTA DE ESPINAFRE

3 molhos de espinafre
100g de queijo ralado
claras de 4 ovos
4 batatas

Coloque as batatas para cozinhar. Descasque e reserve-as. Cozinhe o espinafre e depois de pronto retire a água e pique as folhas. Reserve. Bata as claras e acrescente o queijo ralado, o espinafre e as batatas já cozidos. Se quiser, coloque um pouco de sal ou páprica. Misture bem até obter uma massa homogênea. Coloque num refratário untado, polvilhe com queijo ralado e leve ao forno por 20 minutos aproximadamente. Está pronto!

Rendimento: 4 porções

Espinafre contém ácido fólico antiaterosclerose e ferro antianemia.

Valores nutricionais por porção: 199,34kcal; 2,75g de fibras; 130mg de sódio; 25mg de colesterol.

Indicações: Dietas com restrição de calorias, menos colesterol e mais fibras.

COMENTÁRIO DO DOUTOR

Espinafre é reconhecido principalmente pelo seu conteúdo de ferro, cálcio e outros sais minerais. Bom, portanto, para a anemia. Espinafre também se inclui no grupo de vegetais de cores fortes que são mais ricos em bioflavonoides, importantes para reduzir o colesterol total e aumentar o bom colesterol.

QUICHE DE ASPARGOS

Para a massa:
2 xícaras de chá (300g) de farinha de trigo
½ xícara de chá (100g) de margarina light
4 a 5 colheres de sopa de água gelada

Para o recheio:
1 lata de aspargos (325g) escorridos
1 lata de creme de leite sem soro
2 claras ligeiramente batidas
sal e pimenta-do-reino a gosto
½ xícara de chá de queijo tipo parmesão ralado

Misture a farinha e a manteiga numa vasilha. Vá batendo com 2 facas até obter uma farofa. Acrescente a água gelada aos poucos e vá misturando até obter uma massa

---

Aspargos contêm vitaminas antioxidantes C e E. Soja contém fitoestrógenos com fórmula semelhante ao hormônio feminino estrógeno, além de minerais.

lisa. Abra a massa numa superfície lisa, polvilhada com farinha de trigo. Com esta massa, forre o fundo e os lados de uma forma refratária de 25 cm de diâmetro. Coloque papel-manteiga sobre a massa e cubra com grãos de arroz ou feijão crus para evitar que a massa se deforme enquanto assa. Leve ao forno preaquecido moderado, por 15 minutos. Retire o papel, o arroz ou feijão, depois de tirar a forma do forno.

Faça o recheio: pique os aspargos, deixando 6 inteiros para decorar. Misture os aspargos picados com os ingredientes restantes, menos o queijo ralado. Coloque sobre a massa pré-assada. Salpique com queijo. Leve ao forno novamente e asse por uns 35 minutos ou até que fique firme. Enfeite com os aspargos reservados. Esta torta pode ser servida quente ou fria, como entrada, para um lanche ou também como acompanhamento para uma carne assada.

Rendimento: 5 porções

Valores nutricionais por porção: 452kcal; 2,75g de fibra; 342,6g de sódio, 40mg de colesterol.

Indicações: Dietas com restrição de colesterol, de sal e gorduras.

COMENTÁRIO DO DOUTOR

Este é um bom exemplo de receita sofisticada no resultado, simples na elaboração e saudável no conteúdo. É possível ou não comer bem sem culpa?

Aquecer alimentos em microondas em embalagens plásticas inapropriadas faz mal à saúde.

BRÓCOLIS GRATINADOS

2 molhos de brócolis
3 colheres de sopa de azeite de oliva
1 cebola pequena
1 colher de sopa de farinha de trigo
1 xícara de requeijão light
1 lata de creme de leite light
sal
queijo ralado light

Ferva os brócolis rapidamente. Depois coloque-os em um prato refratário, ajeitando-os com a flor para cima. Coloque charutinhos de queijo e presunto (enrole fatias de queijo e presunto juntos) intercalados entre as flores de brócolis.

Faça um molho branco, refogando a cebola picada na manteiga, e logo após acrescentando a farinha de trigo, o requeijão light, o creme de leite light e o sal (deixe ferver por um minuto e estará pronto).

Coloque esse molho branco por cima dos brócolis, cubra com queijo ralado a gosto, e leve ao forno por aproximadamente vinte minutos, mais ou menos. Retire do forno e sirva.

Rendimento: 4 porções

Valores nutricionais por porção: 270,8kcal; 4g de fibras; 25,56mg de sódio e 12mg de colesterol.

Brócolis são carregados de fibras e bioflavonoides. Abasteça-se.

Indicações: Dietas com restrição de calorias. De colesterol, de gorduras, de sódio e com mais fibras.

COMENTÁRIO DO DOUTOR

Brócolis são carregados de fibras. Abasteça-se. As fibras podem reduzir o câncer de cólon, de próstata, as varizes e hemorroidas, além de facilitar a sua digestão. Indol-3-carbinol é uma substância recentemente descoberta nos brócolis que parece ser responsável por sua ação na prevenção do câncer de mama e próstata (segundo o dr. Minuzzi). Também nos brócolis há bioflavonoides muito úteis para baixar o colesterol total e subir o colesterol bom. Também contêm minerais, principalmente cálcio. Talvez seja a melhor das hortaliças. É preferível comê-los aferventados quase crus para não perder seus atributos.

ABOBRINHA GRATINADA

1kg de abobrinha
200g de azeitonas sem caroço
2 claras de ovos
2 xícaras de queijo de minas cortado em tiras
1 ½ xícaras de leite desnatado
1 punhado de farinha de rosca
1 punhado de queijo ralado

Corte as abobrinhas em rodelas. Unte um prato refratário e coloque as rodelas de abobrinha de forma a co-

---

Abóbora é um alimento versátil que contém betacaroteno (antioxidante) e fibras e tem muitas formas de preparo.

brir todo o fundo do prato. Bata as claras misturadas com o leite, só o suficiente para tornar homogênea a mistura. Coloque a mistura em cima da camada de abobrinhas. Faça outra camada com azeitonas, outra de queijo, outra de abobrinha, outra de azeitonas e a última de queijo. Por cima, coloque o queijo ralado e a farinha de rosca. Leve ao forno por, em média, uma hora. Retire e sirva!

Rendimento: 6 porções

Valores nutricionais por porção: 107,5kcal; 5g de fibras; 103,45mg de sódio e zero de colesterol.

Indicações: Dietas com restrição de calorias, de colesterol, de gorduras, de sódio e mais fibras.

COMENTÁRIO DO DOUTOR

Esta é uma boa receita, principalmente se usarmos queijos inocentes como o queijo de minas, que também pode ser ralado. A abobrinha tem baixíssimo conteúdo calórico e muitas fibras. Deve ser melhor explorada na nossa alimentação através de sopas e sobremesas com adoçantes.

Prepare os alimentos sem sal, adicionando-o depois de prontos.

ARROZ

ARROZ INTEGRAL COM BACALHAU

1 lata de tomates sem pele
1 cebola picada
2 tomates batidos no liquidificador
700g de bacalhau desfiado
2 xícaras de arroz integral
3 xícaras de água
azeitonas

Lembre-se que o arroz integral tem cozimento mais demorado.

Numa panela com antiaderente refogue a cebola picada, os tomates sem pele e os tomates batidos no liquidificador. Deixe ferver o tempo de formar um molho espesso. Logo após, acrescente um punhado de azeitonas e depois o bacalhau desfiado (que deverá

Prefira arroz integral, pois contém mais fibras do que o arroz branco.

ser dessalinizado previamente). Deixe refogar rapidamente e depois acrescente o arroz e a água. Tampe a panela e deixe cozinhar. Sirva com um tempero verde picado. Bom apetite!

Rendimento: 6 porções

Valores nutricionais por porção: 417kcal; 3 g de fibras; 213,45mg de sódio e 125,5mg de colesterol.

Indicações: Dietas com restrição de colesterol, de gorduras, de sódio e com mais fibras.

COMENTÁRIO DO DOUTOR

As qualidades do arroz integral, rico em fibras, contribuem para a digestão além de reduzir a absorção de gorduras pelo intestino. O resultado é a menor incidência de câncer de cólon, de mama, de infarto e de derrame cerebral. Um bom alimento, portanto. E o bacalhau é um peixe abençoado, pois tem alto conteúdo de ômega-3 que age no metabolismo das gorduras, reduzindo os seus efeitos nocivos e produzindo efeitos semelhantes aos descritos para as fibras do arroz. Um prato ótimo!

ARROZ COM COGUMELOS FRESCOS
(RIZZO AI FUNGHI FRESCHI)

2 caixinhas de cogumelos frescos
2 xícaras de arroz arbóreo para culinária italiana
1 cebola

Cogumelos são ricos em potássio, ótimo para quem tem pressão alta e toma diuréticos.

3 dentes de alho
pimenta branca moída, ou tempero misto, ou ervas finas (ao gosto de cada um, pois esta receita é uma adaptação de uma receita italiana. Na Itália alguns temperos diferem dos nossos)
azeite de oliva
1 cálice de vinho branco seco
sal
queijo ralado
3 a 4 litros de caldo de carne magro (ver preparo na página 50)

Preparo do arroz: Refogue a cebola cortada, o alho triturado, com 1 colher óleo de oliva numa panela com antiaderente.

Acrescente os cogumelos picados. Coloque os temperos (pimenta, tempero misto ou ervas finas, conforme o gosto). A seguir, coloque o arroz e o vinho. Mexa um pouco para evaporar o álcool. Coloque o sal. O caldo de carne vai sendo acrescentado aos poucos. Cozinhe em fogo moderado.

Quando estiver no ponto (o arroz fica bem caldeado, mole, mas não papa), acrescente um pouco de queijo ralado, misturando levemente. Leve à mesa numa travessa ou na própria panela, cobrindo com queijo ralado. Sirva com uma salada verde ou salada mista de legumes e verduras.

Alho, cebola, vinho, chá verde, beringela e verduras de cor escura, como brócolis, contêm bioflavonoides, que baixam o colesterol total e sobem o bom.

A carne da qual foi feito o caldo pode ser servida fatiada, com um pouco de sal polvilhado por cima. É a "carne lessa" dos italianos.

Rendimento: 4 porções

Valores nutricionais por porção: 510,75kcal; 3g de fibras; 1014,25mg de sódio e 25,5mg de colesterol.

Indicações: Dietas com restrição de colesterol, de gorduras, de sódio e mais fibras.

COMENTÁRIO DO DOUTOR

Prefira arroz integral, pois contém mais fibras do que o arroz branco. Além disso, o uso de amidos (ver glossário) desprovidos de fibras, como é o caso do arroz branco, parece ser fator desencadeante de diabetes. Observe também o baixo conteúdo de colesterol.

ARROZ AO CHAMPANHE

2 xícaras de arroz
4 xícaras de champanhe brut
50g de cogumelos fatiados
1 dente de alho bem picado
1 cebola bem picada
sal marinho ou páprica

Numa panela com antiaderente, refogue o arroz com alho e cebola. A seguir, adicione o champanhe e sal marinho a gosto (pode ser substituído por páprica, que

---

Aveia integral ou em farelo é carregada de fibras, que baixam as gorduras no sangue.

dará um toque picante, capaz de disfarçar a falta do sal). Mexa delicadamente para misturar bem e deixe cozinhar em fogo brando, com a tampa entreaberta.

Rendimento: 4 porções

Valores nutricionais por porção: 161,2kcal; 5g de fibras; 181mg de sódio e zero de colesterol.

Indicações: Dietas com menos calorias, restrição de colesterol, de gorduras, de sódio e com mais fibras.

COMENTÁRIO DO DOUTOR

Arroz é sempre um acompanhamento de qualidade se usarmos criatividade no seu preparo. Primeiro porque na forma integral contém muitas fibras. Depois porque pode-se evitar o uso de sal substituindo por páprica, por exemplo. Páprica pode ser usada até para dar gosto ao churrasquinho de domingo em vez do sal. Quem é hipertenso sabe das vantagens de evitar o sal.

ARROZ COM MAÇÃ

2 xícaras de arroz integral
maçãs picadas
passas de uva branca
nozes
1 cálice de vinho branco
sal marinho ou páprica
tempero verde picado

Maçã contém fibras, principalmente a pectina, que está presente na casca e age sobre o câncer de intestino, de cólon, de próstata.

Em uma panela com antiaderente, refogue o arroz integral, até dourar. Agregue as maçãs picadas e as nozes, refogando bem. Acrescente 5 xícaras de água, salgue (ou use alternativamente a páprica) e tampe a panela, para que cozinhe em fogo brando até que o arroz amoleça. Se necessário, acrescente mais água. Pouco antes de secar a água, acrescente as passas, o vinho branco e o tempero verde.

Rendimento: 4 porções

Valores nutricionais por porção: 590kcal; 7g de fibras; 8,25mg de sódio e zero de colesterol.

Indicações: Dietas com restrição de colesterol, de gorduras, de sódio e com mais fibras.

COMENTÁRIO DO DOUTOR

A criatividade torna divertida a missão do gourmet. Neste prato, por exemplo, a maçã é um componente de alta qualidade, rico em fibras, principalmente a pectina (ver glossário), contida na casca e na polpa. Portanto, coma sua maçã com casca, após lavá-la bem. Segundo um provérbio sem autor definido, "uma maçã por dia deixa os médicos numa fria". A maçã contém também fenóis anticancerígenos e antiaterosclerose. Os tumores prevenidos pela maçã são os do cólon, próstata e fígado. O curioso é que o bioflavonoide presente na maçã é a quercitina (ver glossário), a mesma do vinho, com potente ação antioxidante, reduzindo o mau colesterol, LDL.

Maçã contém polifenóis e flavonoides (a mesma quercitina do vinho) que baixam o mau colesterol LDL e têm propriedades anticancerígeno e antiaterosclerose.

Outra vantagem desta receita é o uso de páprica em lugar de sal, o que favorece aos hipertensos. Arroz integral contém ainda mais fibras e deve ser usado sempre que possível.

Não faça do churrasco de domingo uma arma. A vítima pode ser você.

MASSAS

MASSA AO MOLHO DE QUEIJO COM UVAS

2 cebolas
100g de requeijão light
150g de queijo gorgonzola
500g de massa do tipo penne
1 cacho de uvas dedo-de-dama
1 cacho de uvas moscatel
½ copo de requeijão
3 dentes de alho
sal

Coloque a massa para cozinhar em água com sal. Quando estiver pronta, reserve. Numa frigideira com antiaderente, coloque azeite de oliva e acrescente a cebola e o alho. Deixe fritar um pouco e coloque a nata, o requeijão e o queijo, mexendo sempre, para misturar bem. Depois que o gorgonzola estiver mis-

---

A uva deve ser comida com casca, pois nela estão dois potentes antioxidantes, a quercitina (ver glossário) e o resveratrol, que depois compõem o vinho tinto.

turado ao molho, acrescente as uvas dedo-de-dama cortadas ao meio e as uvas moscatel. Em seguida, coloque a massa já cozida, mexendo delicadamente para misturar bem a massa com o molho. Depois de

Evite comer sozinho. Procure um amigo para conversar mais e comer menos.

aquecer bem, desligue o fogo, e sirva em seguida. Ao servir, coloque mais um fio de azeite de oliva.

Rendimento: 4 porções

Valores nutricionais por porção: 336,25kcal; 2g de fibras; 525,5mg de sódio e 28,25mg de colesterol.

Indicações: Dietas com restrição de colesterol, de gorduras, de sódio e com mais fibras.

COMENTÁRIO DO DOUTOR

As massas têm grande importância na alimentação pois se constituem de carboidratos complexos ou amidos. Nossa alimentação é tanto mais sadia e inteligente quanto mais carboidratos complexos *(ver glossário) ingerimos e quanto menos* carboidratos simples *como o açúcar usamos na alimentação. As massas são amidos que contêm também fibras, vitaminas e minerais. Os amidos não contêm gorduras ou colesterol e geram menos calorias do que as gorduras em geral. Mantêm os níveis de glicose (ver glossário) no sangue através de uma digestão e absorção mais lentas (de 1 a 4 horas). Por isso, é o alimento referido dos atletas.*

FETTUCCINE LIGHT COM MOLHO DE AMEIXAS

500g de fettuccine
1 tomate picado
250g de ameixas pretas sem caroço

As massas, principalmente se elaboradas com farinha integral, têm alto conteúdo de fibras.

1 cebola picada
1 colher de sopa de farinha de trigo
½ copo de leite desnatado
1 colher de chá de páprica

O molho é simples e rápido. Refogue o tomate, as ameixas e a cebola numa frigideira com antiaderente. Depois bata no liquidificador com a farinha e o leite. A seguir, volte para a frigideira, cozinhando durante alguns minutos e temperando com páprica.

Cozinhe a massa, espalhe o molho por cima e sirva.

Rendimento: 4 porções

Valores nutricionais por porção: 331kcal; 12g de fibras; 10,6mg de sódio e traços de colesterol.

Indicações: Dietas com restrição de calorias, de colesterol, de gorduras, de sódio e rica em fibras.

COMENTÁRIO DO DOUTOR

A criatividade aplicada ao preparo das massas pode produzir efeitos saudáveis e maravilhosos sob o ponto de vista do sabor. Nesta receita há grande concentração de fibras e baixíssimo conteúdo de colesterol e de sódio, além de baixo nível calórico. É o alimento ideal.

Não coma, entre as refeições, tira-gostos de baixo valor nutritivo, ricos em gorduras, calorias e sal.

CAPPELLETTI COM PERU

500g de carne de peru
1 xícara de caldo de galinha (ver p. 48)
1 tomate
1 cebola
3 colheres de sopa de massa de tomate
2 copos de vinho tinto
500g de cappelletti
50g de queijo parmesão ralado
1 dente de alho

Em uma frigideira grande, frite a carne de peru cortada em cubos, até dourar. Depois, junte o alho, a cebola, o tomate em pedaços, a massa de tomate e deixe dar uma refogada nestes ingredientes. Em seguida, acrescente o vinho tinto e o caldo de galinha. Quando o molho estiver encorpado, agregue os cappelletti. Deixar cozinhar o tempo indicado na embalagem dos cappelletti. Na hora de servir, polvilhe com queijo parmesão ralado.

Rendimento: 4 porções

Valores nutricionais por porção: 542kcal; 3g de fibras; 1014,25mg de sódio e 125,5mg de colesterol.

Indicações: Dietas com restrição de colesterol, de gorduras, de sódio e ricas em fibras.

Massa com molho de tomate sem gordura e legumes (massa primavera) constitui um potente agente anticancerígeno.

COMENTÁRIO DO DOUTOR

Os cappelletti comprados pronto são sempre uma caixa de surpresas, a não ser que haja um rótulo descrevendo o seu recheio. Leia os rótulos e escolha os mais saudáveis, mais pobres em gordura e sódio.

Coma devagar, aprenda a saborear a refeição, sente-se para comer.

LANCHES

SANDUICHE DE ATUM

1 lata de atum em água
1 xícara de pepinos em conserva picados
azeitonas pretas sem caroço
iogurte natural desnatado
folhas de alface americana
fatias de pão preto
fatias de tomate

Faça uma pasta com o atum, os pepinos picados, as azeitonas pretas e o iogurte. Use essa pasta para passar generosamente nas fatias de pão, colocando alface e tomate em rodelas no meio do sanduíche.

Rendimento: 3 porções

Valores nutricionais por porção: 128,75kcal; 2g de fibras; 804,25mg de sódio e 25,5mg de colesterol.

Cuidado com a batata frita. Não faça dela hábito muito frequente, pois é fritura rica em sal.

Indicações: Dietas de menos calorias, com restrição de colesterol, de gorduras, de sódio e ricas em fibras.

COMENTÁRIO DO DOUTOR

Atum é um dos peixes com alto conteúdo de ômega-3. Prefira o que vem enlatado com água e sal. Mas cuidado com o conteúdo de sal.

SANDUÍCHE DE PEITO DE PERU COM RÚCULA

iogurte
rúcula
fatias de peito de peru defumado
orégano
azeite de oliva
pimenta-do-reino
pão de sanduíche

Este é um sanduíche de baixa caloria.

Faça uma pasta com iogurte desnatado, algumas gotas de azeite de oliva, pimenta-do-reino e orégano. Passe esta pasta sobre as fatias de pão de sanduíche.

Use fatias de peito de peru defumado, folhas de rúcula, finas fatias de tomatinho-cereja e um fio de vinagre balsâmico. Feche o sanduíche e enfeite com folhinhas de manjericão.

Rendimento: 1 porção

Valores nutricionais: 267kcal; 259mg de sódio e 45mg de colesterol.

Atenção com os lanches rápidos fora de casa. Prepare seu próprio sanduíche light.

Indicações: Dietas com restrição de calorias, de sódio, menos colesterol e com mais fibras.

COMENTÁRIO DO DOUTOR

Sanduíche saudável é uma grande saída para refeições rápidas. Em muitos países, as pessoas levam para o trabalho um sanduíche saudável e evitam almoçar nos fast-food *(ver glossário), geralmente carregados de frituras. Está na hora de desenvolvermos este hábito por aqui.*

"Esconda" na geladeira os alimentos gordos ou doces. Coloque-os bem fundo, dificultando o acesso.

SOBREMESAS

FAROFA DE FRUTAS ASSADAS

Para a farofa:
1 xícara de farinha de trigo
1 xícara de substituto do açúcar, adoçante próprio para ir ao fogo
100g de margarina light
1 colher de sopa de canela em pó

Amasse todos os ingredientes acima, até que se forme uma farofa (idêntica à farofa de cuca). Essa farofa vai ser espalhada por cima das frutas, no refratário ou forma que vai ao forno.

Para o preparo e finalização do doce:
1 lata de figos em compota, sem a calda
2 latas de pêssegos sem a calda

Frutas vermelhas como o morango, a melancia, amoras, framboesa, cereja contêm vitamina C, licopeno e outros anticancerígenos.

1 vidro pequeno de cereja, sem a calda
100g de passas de uvas
2 bananas cortadas em rodelas
2 mangas picadas
1 lata de abacaxi em compota, sem a calda
1 caixinha de morango natural
maçãs naturais (sem casca)
100g de nozes ou castanhas moídas
100g de ameixas pretas sem caroço
margarina ligth para untar a forma ou prato refratário

Se não estiverem disponíveis todos esses ingredientes, use apenas o que tiver, que ficará igualmente um doce de muito sabor e ótima apresentação.

Pique todas as frutas em pedaços irregulares. Junte todos os ingredientes e misture-os com as mãos. Unte com margarina light uma forma ou prato refratário grande. Acomode as frutas picadas na forma.

Espalhe a farofa por cima das frutas na forma. Leve para assar em forno médio (180º C) por aproximadamente 40 minutos.

Sirva quente juntamente com uma bola de sorvete de creme.

Rendimento: 8 porções

Valores nutricionais por porção: 388kcal; 7g de fibras; 267mg de sódio; 45mg de colesterol.

Indicações: Dietas com restrição de sódio, de colesterol e ricas em fibras.

Mangas contêm betacaroteno, vitaminas C e E.

COMENTÁRIO DO DOUTOR

O alto conteúdo de fibras e a ausência de açúcar refinado diminui o número de calorias (ver glossário) e torna esta sobremesa saudável e deliciosa. Aproveite!

BOLO DE CENOURA DIET

1 laranja pequena com casca e sem sementes
½ colher de chá de canela em pó
½ colher de chá de noz-moscada
1 colher de chá de essência de baunilha
adoçante para ir ao fogo equivalente a 12 colheres de chá de açúcar
1 colher de chá de fermento em pó químico
4 fatias de pão integral esfarelado
1 maçã pequena descascada e ralada
½ xícara de cenoura ralada
¼ de xícara de passas

Bata no liquidificador a laranja. Adicione a canela, a noz-moscada, a baunilha, o adoçante e o fermento e continue a bater até misturar bem. Despeje numa tigela. Acrescente o pão, a maçã, a cenoura e as passas, misture bem. Despeje numa forma para bolo, untada, e leve ao forno (moderado) por 50-60 minutos, até que o palito inserido saia limpo.

Rendimento: 4 porções

Cenoura é rica em betacaroteno e licopeno, dois antioxidantes anticancerígenos.

Valores nutricionais por porção: 160,12kcal; 5g de fibras; 201mg de sódio e zero de colesterol.

Indicações: Dietas com menos calorias, com restrição de colesterol, de gorduras, de sódio e ricas em fibras.

COMENTÁRIO DO DOUTOR

Quem disse que os doces devem estar carregados de calorias e de colesterol? Nesta receita, a maçã (rica em fibras) e a cenoura (rica em betacaroteno) fazem a diferença.

TORTA LIGHT DE RICOTA COM LIMÃO

2 xícaras de chá de ricota fresca
4 colheres de adoçante próprio para ir ao fogo
3 ovos
1 xícara de chá de farinha de trigo
1 xícara de chá de leite desnatado
3 colheres de sopa de damascos secos cortados em cubos (opcional)
3 colheres de sopa de limões sem casca picados em gomos pequenos
2 colheres de sopa de casca de limão ralada

Para untar a forma:
1 colher de sopa de margarina light
1 colher de sopa de farinha de trigo

Para reduzir a depressão, devemos diminuir o açúcar e a cafeína, ingerir Vitaminas B[6] e B[12], ácido fólico, ômega-3 (peixe) e cereais.

Para decorar:
1 colher de sopa de sementes de papoula (opcional)
folhas de limão
casca de limão ralada

Bata no liquidificador a ricota, o adoçante, os ovos, a farinha de trigo e o leite até obter um creme homogêneo. Coloque a mistura numa vasilha e acrescente o damasco (opcional), o limão picado em gomos pequenos e a casca ralada. Misture bem.

Unte uma forma redonda de fundo removível com margarina e enfarinhe.

Coloque a massa na forma e leve para assar em forno médio por aproximadamente 40 minutos ou até dourar. Retire do forno e deixe esfriar.

Tire da forma, polvilhe com as sementes de papoula e decore com as folhas de limão.

Tempo de preparo aproximado: 1 hora

Rendimento: 8 porções

Valores nutricionais por porção: 213kcal; 3g de fibras; 5mg de sódio e 100mg de colesterol.

Indicações: Dietas com restrição de gorduras, de sódio e mais fibras.

COMENTÁRIO DO DOUTOR

A utilização de ovos em receitas de doces é ampla. Ao pensar em sobremesas, imaginamos algum tipo

---

Kiwi é rico em vitamina C e fibras.

de doce que leva ovos na sua preparação. Para quem tem colesterol normal não é problema, se a quantidade ingerida não for exagerada. Já para quem tem colesterol alto, e na idade adulta isto se torna mais frequente, evitar ovos é uma necessidade. Esta receita foi intencionalmente incluída para que, comparando com as duas anteriores, possa ser feito um paralelo entre a utilização de ovos e o nível de colesterol da receita. Cada ovo contém na gema a quantidade diária permitida de colesterol, que são 300mg.

Não é verdade que você só se torna saudável se comer o que odeia. Seja criativo.

DO QUE NOSSO ORGANISMO PRECISA?

❏ *Nutrientes essenciais* são substâncias nutritivas que não podem ser produzidas pelo organismo na quantidade necessária e por isso devem ser ingeridas. Os alimentos contêm geralmente uma mistura delas. São elas: gorduras, carboidratos, proteínas, vitaminas, minerais, água e fibras. Estas últimas são em geral carboidratos e desta forma são listadas.

❏ Gorduras, carboidratos e proteínas são os chamados *nutrientes energéticos* porque geram calorias para o corpo. São chamados *macronutrientes*, pois são necessários em grandes quantidades.

Segundo o provérbio, "devemos tomar café da manhã como um rei, almoçar como um príncipe e jantar como um mendigo".

❏ Vitaminas, minerais e oligoelementos são chamados *micronutrientes* porque são necessários em pequenas quantidades para regular processos químicos do organismo.

❏ Água e fibras são *não nutrientes*, mas também fazem parte importante de uma dieta normal.

O que são gorduras

❏ São substâncias que não podem ser dissolvidas na água. Compõem um grupo químico chamado de lipídios.

❏ Normalmente os alimentos são constituídos de proteína, carboidratos e gorduras. As gorduras são uma exceção pois há alimentos constituídos só de gorduras: óleo, manteiga, toicinho, por exemplo.

❏ Cada grama de gordura gera nove calorias, mais do que o dobro dos carboidratos e proteínas.

❏ No entanto, a ingestão de gordura está na mira dos que estudam longevidade. Parece que devemos limitá-la ao mínimo sem suprimi-la.

❏ Os lipídios são componentes essenciais das células, responsáveis pela absorção de algumas vitaminas, pelo isolamento térmico do organismo, e utilizados como fonte de armazenamento de energia a longo prazo. São também componentes essenciais do sistema nervoso, do sistema imunológico e hormonal.

Chá verde reduz a incidência de câncer de esôfago, pulmão e estômago, além de reduzir o colesterol total e subir o bom colesterol (HDL).

As gorduras que comemos

❏ As gorduras que comemos são geralmente formadas por *ácidos graxos* ligados quimicamente ao *glicerol* para formar *glicerídios*. Três ácidos graxos ligados ao glicerol formam os *triglicerídios*.

❏ Os ácidos graxos (ver glossário) são estruturas químicas compostas de carbonos e hidrogênio.

❏ Há 3 tipos de ácidos graxos: *saturados, monoinsaturados e poli-insaturados* (ver glossário).

❏ Os ácidos graxos saturados têm sua cadeia de carbono carregando todos os átomos de hidrogênio possíveis. Saturadas de hidrogênio. Constituem as gorduras mais prejudiciais à saúde.

❏ Geralmente são gorduras sólidas com exceção do óleo de coco.

❏ São saturadas as gorduras sólidas animais como o toucinho, a gordura branca ou amarela do boi, do carneiro etc. São saturadas as gorduras sólidas que vemos a olho nu na comida.

❏ Devemos evitar gorduras sólidas!

❏ Os ácidos graxos são monoinsaturados se ainda há espaço na cadeia de carbono para um par de átomos de hidrogênio e poli-insaturados se mais de um par pode ser absorvido.

Coma frutas vermelhas. Melancia, morangos e tomates contêm licopeno, que é uma substância relacionada com redução de alguns cânceres, principalmente de próstata.

❑ Os ácidos graxos insaturados são geralmente líquidos na temperatura ambiente, como os óleos vegetais de milho, de girassol, de soja e de oliva. A exceção é a gordura sólida da baleia, que é insaturada.

❑ Gorduras monoinsaturadas são obtidas através do óleo de oliva, de canola e amendoim. É a *dieta mediterrânea* rica em gorduras monoinsaturadas e que faz reduzir a incidência de doença coronária e derrames cerebrais na população dos países do mar Mediterrâneo.

❑ Amendoim, nozes e castanhas são ricas em gorduras monoinsaturadas.

❑ Gorduras poli-insaturadas são principalmente de dois tipos: ômega-6 e ômega-3.

❑ O ômega-6 constitui 90% da dieta e vem geralmente de óleos vegetais, como soja, milho, girassol.

❑ O ômega-3 vem principalmente dos produtos do mar. Ambos estão relacionados com redução de formação de coágulos na circulação, redução do colesterol total e do LDL.

❑ Óleos de peixe são as gorduras mais insaturadas, duas vezes mais do que as vegetais e, portanto, mais benéficas à saúde.

❑ Baseado na observação de que os esquimós apresentam pequena incidência de aterosclerose e

---

As gorduras mono e poli-insaturadas são geralmente líquidas. Excessão: graxa sólida da baleia é insaturada.

infarto correlacionou-se isto ao fato de que ingerem preferencialmente peixes de águas frias.

❏ De fato, salmão, sardinha, anchova, peixe-espada, truta e bacalhau contêm ácido graxo insaturado ômega-3, que parece ser eficiente em baixar os níveis de colesterol e triglicerídios (ver glossário), reduzindo a formação de coágulos na circulação. Estes peixes ingerem algas marinhas ricas em ácidos graxos insaturados.

❏ Ácidos graxos monoinsaturados são líquidos em temperatura ambiente e ficam mais espessos e turvos quando congelados. Exemplos: óleo de oliva, de amendoim e de canola.

❏ Ácidos graxos poli-insaturados são líquidos em temperatura ambiente ou congelados. Exemplos: óleo de milho e de girassol.

Riscos da tecnologia

❏ O processamento dos alimentos pode transformar produtos poli-insaturados em saturados. É o caso da fritura do óleo vegetal. Qualquer óleo vegetal insaturado transforma-se em gordura saturada após fritura demorada. Por isto que azeite frito solidifica após esfriar.

❏ Um processo químico para dar maior duração aos alimentos acrescenta átomos de hidrogênio às gordu-

---

Castanhas, nozes, amendoim e abacate contêm ácidos graxos mono-insaturados (ômega-6) e reduzem o risco de doenças coronárias.

ras poli-insaturadas líquidas, mudando a sua fórmula e tornando-as sólidas. É a hidrogenação.

❏ Partindo de gorduras poli-insaturadas, a reengenharia através de átomos de hidrogênio faz com que elas atuem como se fossem gorduras saturadas, porém com mais longa durabilidade, não ficando rançosas e podendo ser utilizadas na fabricação de alimentos.

❏ As margarinas de bastão são exemplo de reengenharia de gorduras poli-insaturadas. Há estudos mostrando que altos níveis destes ácidos graxos elevam o colesterol total e LDL (colesterol ruim) e deprimem os níveis de HDL (colesterol bom).

❏ As margarinas com melhor fórmula química são as cremosas ou semilíquidas. Devemos evitar o uso de gorduras hidrogenadas, pois têm ação semelhante às saturadas.

Quanta gordura podemos comer diariamente?

❏ Não são necessárias ao organismo mais do que 30% das calorias oriundas das gorduras. Há forte tendência hoje de limitar ainda mais sua ingestão para em torno de 10% de todas as calorias ingeridas.

❏ Ingestão de gorduras em excesso aumenta o colesterol sanguíneo.

❏ Ingestão excessiva de gorduras saturadas tem sido também associada à câncer de cólon, próstata e mama, além da obesidade.

Beringela em suco ou cozida no vapor contém agentes anticancerígenos e reduz o colesterol.

❏ Vários estudos têm correlacionado a redução da ingestão de gorduras com a baixa dos níveis de colesterol.

❏ Aparentemente, a melhor dieta é a que tem menos de 20% das calorias vindas das gorduras.

❏ Ainda há controvérsias sobre o assunto, mas, aparentemente, baixando-se muito a ingestão de gorduras, baixa-se também o HDL-colesterol que, sabidamente, é um indicador de risco de doenças coronárias.

❏ Dietas ricas em carboidratos e pobres em gordura parecem aumentar os triglicerídios e baixar o HDL.

❏ O importante é manter ingestão baixa de gorduras saturadas, assim tem-se pequeno declínio do HDL sem ascensão dos triglicerídios, e menor risco cardiovascular.

❏ O HDL-colesterol aumenta com exercícios e com o uso regular de um cálice de vinho por refeição.

❏ Em um estudo de 14 anos feito pela Harvard University em 80.000 mulheres, observou-se que a substituição das gorduras saturadas pelas mono e poli-insaturadas é mais saudável do que reduzir as gorduras em geral.

❏ Substituindo 5% da energia obtida pela gordura saturada por insaturada reduz-se o risco de doença coronária em 42%.

Em 100g de castanhas de cajú existem 46g de gordura, enquanto no feijão há menos de 1g. Mas a gordura da castanha é saudável, pois é ômega-6.

❑ Açúcar mascavo não reduz as calorias, mas como passa por menos processos de refinamento e processamento é mais saudável.

❑ Uma boa substituição para as margarinas hidrogenadas são as halvarinas, que possuem menos teor calórico e poucos lipídios.

❑ Portanto, além de reduzir a ingestão total de gorduras, deve-se preferir ingerir as insaturadas. Elas são importantes para a saúde.

O que são carboidratos?

❑ Carboidratos são a nossa fonte principal de energia e a que nosso organismo usa com mais facilidade para torná-la em combustível ou armazenar para o futuro.

❑ Cada grama de carboidrato fornece 4 calorias para o organismo.

❑ As suas moléculas podem ser simples ou mais complexas, ou mesmo uma mistura dos dois tipos. São *açúcares e amidos* obtidos das plantas.

❑ Os *açúcares* são substâncias simples, como a glicose (açúcar comum) e frutose (açúcar das frutas).

❑ Quando organizados aos pares, os açúcares assumem outras formas, como a sucrose (açúcar de mesa), lactose (açúcar do leite) e maltose (açúcar do malte).

Certos alimentos aumentam a sua ansiedade: cafeína (café, alguns chás, alguns refrigerantes), álcool, açúcar, adoçantes artificiais.

❏ Os amidos são carboidratos complexos que em geral contêm também fibras, vitaminas e minerais.

❏ Ingerimos carboidratos complexos através de vegetais, frutas e grãos.

❏ Os amidos são originados das plantas, são geralmente chamados de "farináceos", como os grãos (arroz, trigo, milho, aveia, centeio, feijão seco, amendoim) e seus derivados (massa, pão, etc.).

❏ Os amidos não contêm gorduras ou colesterol e geram menos calorias do que os lipídios em geral.

Prefira saladas de cor verde intenso e coloridas, pois contêm mais flavonoides e ácido fólico.

❏ Os carboidratos mantêm os níveis de glicose no sangue através de uma digestão e absorção mais lentas (de 1 a 4 horas). Por isso são o alimento preferido dos atletas.

❏ Mas os amidos podem ser mal utilizados por nós principalmente se os associarmos a gorduras no preparo dos alimentos: batata frita, por exemplo.

❏ Os carboidratos complexos são digeridos no intestino e convertidos no fígado lentamente em *glicose*, que é levada pelo sangue a todas as células do organismo, para ser usada como energia.

❏ O excesso de *glicose* é depositado como *glicogênio* nos músculos e no fígado. Quando completa este depósito, a glicose em excesso é transformada em gordura e termina por depositar-se abaixo da pele, no abdômen. São os "pneuzinhos" que muitos de nós lutamos para tirar.

❏ Pelo menos 55% das calorias ingeridas diariamente devem vir dos carboidratos (vegetais, frutas e grãos).

ATENÇÃO! Dica de alimentação inteligente:

❏ Nossa alimentação é tanto mais sadia e inteligente quanto mais *carboidratos complexos* (como os amidos) ingerimos e quanto menos *carboidratos simples* (como o açúcar) usamos na alimentação.

O açúcar mascavo também contém calorias, mas como é menos processado e refinado, termina sendo mais saudável.

❏ Isto porque os carboidratos simples, ou açúcares, vão direto para o sangue, chegam a fornecer um aumento rápido de energia mas não duram, desaparecem rapidamente.

❏ Os carboidratos complexos, ao contrário, levam mais tempo para ser digeridos e podem ser armazenados para sua utilização em 12 a 24 horas, ou até por meses, se forem transformados em gorduras.

❏ Outra vantagem dos carboidratos complexos: eles viajam pelo organismo sem se prender a gorduras, ao contrário do que acontece com as proteínas. E quando se prendem, escolhem as insaturadas, muito mais saudáveis.

❏ Fibras são os carboidratos mais complexos, tão complexos que nosso organismo nem consegue absorver. Mas isto veremos depois.

O que são proteínas?

❏ Proteínas são estruturas químicas que contêm *carbono, hidrogênio, nitrogênio* e *oxigênio* organizados de formas variadas, formando em torno de 20 aminoácidos diferentes.

❏ Você conhece alguns dos aminoácidos pelo nome: leucina, lecitina, homocisteína etc...

❏ Sua pele, suas unhas, seu cabelo, músculos, ossos, hormônios, anticorpos e gens, todos são feitos de aminoácidos.

Aprenda com os japoneses, que tem hoje a maior longevidade. Eles ingerem muita proteína da soja.

❏ Os aminoácidos, quando agrupados, formam as proteínas. As proteínas são diferentes umas das outras de acordo com a ordem que os aminoácidos se organizam dentro dela.

❏ Destes aminoácidos, onze não são produzidos pelo corpo e devem ser ingeridos na dieta (aminoácidos essenciais).

❏ Outros aminoácidos são considerados "não essenciais" porque são produzidos pelo organismo.

❏ Uma proteína completa tem todos os aminoácidos. Uma proteína de alta qualidade contém aminoácidos essenciais na proporção exata de que o organismo precisa.

❏ Carne bovina, peixe, galinha, ovos, leite e queijo são exemplos de alimentos que contêm proteínas completas de alta qualidade.

❏ As proteínas animais carregam consigo gordura saturada e por isso deve-se ter cuidado na sua ingestão. Carne, leite e ovos são o exemplo disso.

❏ As proteínas vegetais são, em geral, incompletas, o que traz algumas dificuldades aos vegetarianos, que geralmente necessitam complementação proteica para evitar deficiências alimentares.

❏ Leguminosas são uma fonte importante de proteínas vegetais. São as mais comuns: soja, lentilha, feijão, ervilhas e outras vagens. São alimentos

---

Brotos de sementes contêm mais proteínas do que as próprias sementes.

nutricionalmente densos, com baixas calorias, sódio e gorduras e alto conteúdo de fibras e minerais.

❑ A proteína da soja é completa, apesar de ser vegetal. É tão boa quanto a animal.

Ingestão recomendada de proteínas

❑ A quantidade diária de proteínas recomendada fica em torno de 0,70g/kg/dia. Assim, uma pessoa de 70kg deve ingerir aproximadamente 50g por dia.

❑ Um grama de proteína gera 4 calorias.

❑ Quantidades adicionais são necessárias para crianças em crescimento, mulheres grávidas ou amamentando, pessoas com mais de 55 anos ou em recuperação de alguma doença.

❑ Atividades físicas intensas, atletismo, por exemplo, exigem ingestão de maior quantidade de proteínas.

❑ O excesso de proteínas é convertido em gordura.

❑ O organismo excreta a proteína em excesso através dos rins, particularmente o nitrogênio das proteínas. Por isso, quando há insuficiência renal, deve-se reduzir a ingestão de proteínas.

Vitaminas

❑ Vitaminas são componentes orgânicos necessários para o organismo em pequenas quantidades. Não produzem energia, só participam das reações químicas como colaboradores e facilitadores (*catalisadores*).

O ácido fólico dos vegetais reduz o risco de malformações nos fetos.

❏ As vitaminas são *hidrossolúveis* (solúveis em água – complexo B e Vitamina C) ou *lipossolúveis* (solúveis em gorduras – A, D, E, K).

❏ As doses diárias recomendadas (DDR – ver glossário) (no inglês RDA – *recomended dietary allowances*), estão sendo revisadas para atingir valores necessários para prevenir doenças crônicas específicas. O exemplo é a vitamina C, cujo DDR era 60mg, mas para prevenir câncer e doença cardíaca, aparentemente, são necessários mais de 500mg por dia.

❏ Os alimentos ingeridos diariamente já contém, em geral, a quantidade de vitaminas necessária ao metabolismo.

Minerais

❏ Minerais são compostos inorgânicos existentes na natureza e também utilizados pelo nosso organismo. Todos têm funções específicas.

❏ Sódio e potássio ajudam a transferir líquidos pelo corpo, entre as células e para dentro delas.

❏ Cálcio e fósforo contribuem com a formação óssea e da estrutura corporal.

❏ Ferro participa na formação de *hemoglobina*, que está dentro dos glóbulos vermelhos e conduz *oxigênio* do pulmão até as células.

❏ Existem entre 20 e 30 minerais importantes no

A soja contém bioflavonoides, ácido fólico, ômega-3 e minerais, o que reduz o risco de câncer e doenças cardíacas.

organismo. Há alguns, como cálcio, fósforo, potássio, enxofre, sódio, cloro e magnésio, que são chamados *macrominerais* por serem necessários em doses maiores.

❏ Há outros que são necessários em mínima quantidade (os *microminerais*, como o ferro, zinco, iodo).

❏ Os macrominerais são ingeridos em quantidade suficiente através dos alimentos, raramente é necessário suplementá-los. No entanto, 55% da população não ingere cálcio em quantidade suficiente.

❏ As mulheres precisam mais de cálcio e necessitam suplementá-lo principalmente após a menopausa. Doses suplementares de 1.000 a 1.200mg por dia podem ser suficientes.

❏ Há cálcio no leite e nos lacticínios. Há produtos como o leite e suco de laranja que são vendidos com reforço de cálcio e vitamina D, a qual facilita a sua absorção.

❏ Carboidrato de cálcio é bem absorvido se ingerido durante as refeições (500mg). Quem já teve cálculos renais não deve suplementar cálcio.

❏ O ferro deve ser suplementado por crianças, mulheres com menstruação abundante e pessoas com úlcera gástrica sangrante. Anemia por falta de ferro é a mais comum na população.

❏ A reposição de ferro pode ser feita com carne, bife de fígado, peixe, feijão, além de sulfato ferroso.

Iogurte desnatado é útil na reposição de cálcio e potássio, para contribuir no tratamento da osteoporose e da hipertensão arterial.

Água

❏ A água é o componente mais importante e essencial do organismo.

❏ Segundo a Associação Médica Americana, a falta de ingestão de água é um problema universal.

❏ A água constitui 60% da composição corporal (75% dos músculos e do cérebro, 20% dos ossos e gordura).

❏ A água é o meio utilizado para intermediar as reações químicas do organismo, para regular a temperatura através do suor, para remover detritos através da urina e do suor, para facilitar a respiração, umedecendo os pulmões.

❏ Frutas e vegetais são constituídos de água em 80%, carne em 50% e pão em 33%.

❏ Mesmo assim, devemos beber 6 a 8 copos de líquidos por dia.

❏ A sede não é confiável como sinal de alarme. Sede só ocorre quando o organismo já perdeu muito líquido.

❏ Deve-se beber água com maior intensidade durante o exercício físico.

❏ Água tratada com flúor é a melhor fonte de líquido, pois auxilia na proteção dos dentes.

Calorias podem ser ingeridas através de alimentos sem valor nutritivo, por não conter vitaminas, fibras ou minerais.

❏ Quem tem dificuldades de beber água por não adaptar-se ao seu gosto (ou a sua falta de gosto) deve misturar a ela um pouco de suco de limão ou laranja.

Fibras

❏ Uma dieta rica em amidos será também farta em fibras, a não ser que haja processamento dos alimentos. São carboidratos complexos, os mais complexos, também conhecidos como celulose.

❏ Fibras são substâncias que resistem à digestão e são portanto absorvidas lentamente ou são eliminadas pela fezes, levando consigo gorduras.

❏ Há fibras *solúveis* e *insolúveis*.

❏ Fibras solúveis (ver glossário) dissolvem-se em água, formando um gel, aumentam o bolo alimentar, prolongando a sensação de plenitude do estômago e ajudando assim no controle do apetite.

❏ Fibras baixam o colesterol, combinando-se com ácidos graxos no aparelho digestivo, sendo então eliminados pelas fezes. O fígado responde recolhendo o colesterol do sangue para fabricar mais ácidos graxos e com isso baixando o colesterol sanguíneo.

❏ O LDL-colesterol chega a baixar em torno de 7 a 10% quando a dieta é rica em fibras.

❏ Para diabéticos, o efeito favorável é diminuir a necessidade de insulina e reduzir a absorção de açúcar no intestino delgado.

Frutas, vegetais e grãos contêm fibras solúveis e podem reduzir o risco de doenças coronárias.

❏ Fontes mais comuns de fibras solúveis são frutas, vegetais e grãos. Especialmente ameixas, peras, laranjas, maçãs, legumes, feijão, couve-flor, abobrinha, batata doce, germe de trigo, cereais, milho e aveia.

❏ Fibras insolúveis (ver glossário) atraem água para o intestino, amolecendo as fezes e melhorando o trânsito intestinal.

❏ Fibras reduzem a incidência de câncer do cólon por melhorarem o trânsito no intestino.

❏ Fibras também estimulam a formação de um lubrificante no intestino chamado *muco* que protege a parede contra a agressão de elementos cancerígenos que normalmente são ingeridos com os alimentos.

❏ Aveia, cereais, legumes, vagens e frutas são a fonte mais comum de fibras. Principalmente nas cascas de vegetais e frutas são encontradas fibras insolúveis.

Quantidade de fibras necessárias por dia

❏ Uma dieta normal de 2.000 a 3.000 calorias por dia necessita em torno de 25 a 30g de fibras.

❏ Não há fibras na carne, o que dificulta a ingestão diária desta quantidade. Por isso, temos que acrescentar, por exemplo, 3 colheres de germe de trigo misturadas a frutas picadas no café da manhã.

❏ Há outros truques que facilitam a ingestão de fibras:

Fibras solúveis da aveia e dos cereais podem reduzir o risco de doenças coronárias e de câncer.

Substitua pão branco por pão integral;

Procure ingerir alimentos com grãos integrais como arroz, trigo, etc. O polimento dos grãos tira-lhes importante conteúdo de fibras e vitaminas;

Use arroz branco integral e batatas no lugar da massa;

Prefira pipoca a batata frita;

Prefira a fruta no lugar do suco;

Coma pera e maçã com casca;

Coma batata com casca;

Inclua vagens (ervilha, feijão branco, preto e mulatinho) em sopas e saladas;

Coma feijão "pobre", sem gordura saturada.

Os alimentos ingeridos diariamente já contêm, em geral, a quantidade de vitaminas necessária ao metabolismo.

GLOSSÁRIO

Ácido Fólico – é vitamina do complexo B essencial para o crescimento e reprodução das células. Tem sido amplamente divulgada nos últimos anos como potente antagonista da homocisteína na quantidade diária recomendada de 400 mcg. Funciona associada às vitaminas B^6, B^{12} e C. Está presente nos vegetais, donde deriva seu nome.

Ácido gástrico – é o ácido produzido pelas células que revestem o estômago para digerir os alimentos. É constituído de ácido clorídrico e pode causar gastrite e úlcera.

Ácido graxos poli-insaturados – são gorduras poli-insaturadas chamadas quimicamente de ácidos graxos, cuja insaturação é representada pela existência de 2 pares de carbono livres para captar outras moléculas de hidrogênio. São quimicamente insaturados de hidrogênio. São geralmente líquidos. São constituídos de dois tipos, os ômega-6 e ômega-3. São saudáveis na medida em que promovem a redução do colesterol total e do mau colesterol LDL.

Ácido úrico – Produto do metabolismo das proteínas, presente no sangue e eliminado pela urina. Seus níveis normais vão até 7,0mg/dl. Seu excesso no sangue leva a uma doença chamada "gota", que

---

Melão tem bom conteúdo de betacaroteno, que lhe dá a cor amarelada, além de vitamina C, de potássio e o anticancerígeno licopeno.

se caracteriza por artrites, ou seja, inflamação das articulações por depósito de cristais de urato. Evitar alimentos que contenham purina, como as carnes, principalmente miúdos, é a forma de reduzir o acido úrico no sangue.

Ácidos graxos monoinsaturados – são assim chamados se ainda há espaço na cadeia de carbono para um par de átomos de hidrogênio Gorduras monoinsaturadas são obtidas através do óleo de oliva, de canola e de amendoim. Amendoim, nozes e castanhas são ricas em gorduras monoinsaturadas

Ácidos graxos saturados – os ácidos graxos saturados têm sua cadeia de carbono carregando todos os átomos de hidrogênio possíveis. Saturadas de hidrogênio. Constituem as gorduras mais prejudiciais à saúde. Geralmente são gorduras sólidas com exceção do óleo de coco. São saturadas as gorduras sólidas animais como o toicinho, a gordura branca ou amarela do boi, do carneiro, etc. São saturadas as gorduras sólidas que vemos a olho vivo na comida.

Amidos – os amidos são carboidratos complexos que em geral contêm também fibras, vitaminas e minerais. São o oposto dos açúcares simples, que são rapidamente digeridos. Ingerimos carboidratos complexos através de vegetais, frutas e grãos. Os *amidos* são originados das plantas, são geralmente chamados "farináceos", como os grãos (arroz, trigo, milho, aveia, centeio, feijão seco, amendoim) e seus

---

Kiwi contém duas vezes mais vitamina C do que a laranja, duas vezes mais vitamina C que o abacate e um grande número de carotenoides e potássio.

derivados (massa, pão etc.). Os amidos não contêm gorduras ou colesterol e geram menos calorias do que os lipídios em geral. Mantêm os níveis de glicose no sangue através de uma digestão e absorção mais lentas (de 1 a 4 horas). Por isso é o alimento preferido dos atletas.

Aminoácido – é uma categoria da química orgânica composta de nitrogênio, hidrogênio, carbono e oxigênio. A associação de vários aminoácidos em cadeia forma a proteína.

Antiaderente – é o revestimento interno de panelas e frigideiras, geralmente à base de teflon, que permite cozinhar alimentos utilizando-se pouca ou nenhuma gordura, pois não permite a aderência dos alimentos.

Antioxidantes – são drogas que reduzem o processo de oxidação ou captação de oxigênio e perda de radicais livres negativos, que fazem parte do processo de envelhecimento. Os agentes antioxidantes inibem ou reduzem a captação de oxigênio pelas substâncias, processo este chamado de oxidação e considerado o mecanismo principal de envelhecimento celular.

Aterosclerose – é a grande epidemia deste século. Caracteriza-se por deposição de gorduras nas paredes das artérias, que se tornam espessas e calcificadas, diminuindo progressivamente a sua luz. Ao ocluirse uma destas artérias no cérebro, ocorre o acidente vascular cerebral; no coração e nas coronárias, ocorre a angina e o infarto, este último levando à morte ou imobilização e cicatrização de uma parte do músculo cardíaco.

Betacaroteno – é um pigmento vegetal que age como precursor produzindo vitamina A e por isso tornando-se um antioxidante potente.

Bioflavonoides – o mesmo que flavonoides, sendo os mais conhecidos as isoflavonas e a quercitina; são compostos químicos necessários para manter saudáveis as artérias. Agem reduzindo o colesterol total e o mau colesterol LDL e aumentando o bom colesterol HDL. São encontrados na natureza como corantes de frutas e flores, principalmente amarelas, vindo daí o seu nome ("flavus", do latim, amarelo), apesar de estarem presentes em ampla variedade de vegetais, principalmente na cebola. Neste grupo químico foram já identificados mais de 5.000 tipos diferentes de flavonoides. Seu representante mais comum, a quercitina, é um poderoso antioxidante benéfico para desacelerar processos degenerativos do organismo como a aterosclerose e o câncer. Tem sido chamado de complexo vitamínico P.

Caloria – é a unidade de energia transferida pelos alimentos e consumida pelo organismo na geração de calor e de suas atividades vitais.

Prefira alimentos refogados grelhados ou assados. Evite frituras.

Carboidratos complexos – são os amidos que em geral contêm também fibras, vitaminas e minerais. Nossa alimentação é tanto mais sadia e inteligente quanto mais *carboidratos complexos* (como os amidos) ingerimos e quanto menos *carboidratos simples* (como o açúcar) usamos. Ingerimos carboidratos complexos através de vegetais, frutas e grãos. Os *amidos* são originados das plantas, são geralmente chamados "farináceos", como os grãos (arroz, trigo, milho, aveia, centeio, feijão seco, amendoim) e seus derivados (massa, pão etc.). Levam mais tempo para ser digeridos e podem ser armazenados para sua utilização em 12 a 24 horas, ou até por meses, se forem transformados em gorduras.

Carboidratos simples – são substâncias simples chamadas açúcares, como a glicose (açúcar comum) e frutose (açúcar das frutas). Quando organizados aos pares, os açúcares assumem outras formas como a sucrose (açúcar de mesa), lactose (açúcar do leite) e maltose (açúcar do malte). Os carboidratos simples, ou açúcares, vão direto para o sangue, chegam a fornecer um aumento rápido de energia, mas desaparecem rapidamente.

Catalisadores – são substâncias que participam das reações químicas facilitando-as ou tornando-as mais rápidas e eficientes.

Colesterol – é um componente químico ingerido através de gorduras animais, gema de ovo e derivados do

---

O chá verde é derivado da mesma planta do chá preto, mas como é só desidratado, sem fermentar, contém mais bioflavonoides.

leite, também produzido pelo nosso fígado e também presente em vários órgãos do corpo humano como cérebro e nervos. Facilita a absorção e o transporte de ácidos graxos no sangue, sendo que na forma de HDL executa uma faxina, levando-os ao fígado para serem triturados. Já na forma LDL, facilita a deposição das gorduras na parede dos vasos, causando a aterosclerose. Os limites normais no sangue são de até 200 mg/dl, com HDL maior do que 45mg/dl em homens, e 55 mg/dl em mulheres, com LDL menor do que 130 mg/dl.

Cólon – região do aparelho digestivo chamada de intestino grosso por ter dimensões maiores que o delgado. Tem quatro segmentos: cólon ascendente, transverso, descendente e sigmoide. É região particularmente vulnerável ao câncer.

DDR – dose diária recomendada, aplica-se especialmente às vitaminas e diz respeito ao mínimo necessário para suprir as necessidades do organismo em cada dia.

Estrógeno – hormônio feminino que em cada ciclo menstrual prepara o útero para a fertilização. Preparações farmacêuticas de estrógenos são usadas nos anticoncepcionais.

Fast-food ou comida rápida – o habito de comer com pressa gerou um grande número de redes de alimentos rápidos que, infelizmente, introduziram maus hábi-

---

Prefira chás ao café. O chá verde é rico em um bioflavonoide chamado catequina.

tos alimentares na população. Além de desrespeitar o princípio de fazer da refeição um momento de prazer e relaxamento, os *fast-food* caracterizam-se por vender alimentos com grande quantidade de sal, gorduras e frituras.

Fibras – fibras são substâncias que resistem à digestão e são portanto absorvidas lentamente ou eliminadas pelas fezes, levando consigo gorduras. São carboidratos complexos, também conhecidos como celulose. Uma dieta rica em amidos será também farta em fibras.

Fibras insolúveis – atraem água para o intestino, amolecendo as fezes e melhorando o trânsito intestinal. Reduzem a incidência de câncer do cólon, por melhorar o trânsito no intestino. Também estimulam a formação de um lubrificante no intestino chamado *muco*, que protege a parede contra a agressão de elementos cancerígenos que normalmente são ingeridos com os alimentos. Aveia, cereais, legumes, vagens e frutas são a fonte mais comum. Principalmente nas cascas de vegetais e frutas são encontradas fibras insolúveis.

Fibras solúveis – dissolvem-se em água, formando um gel, aumentam o bolo alimentar, prolongando a sensação de plenitude do estômago e ajudando, assim, no controle do apetite. Baixam o colesterol, combinando-se com ácidos graxos no aparelho digestivo, sendo então eliminados pelas fezes. Fontes mais comuns de fibras solúveis são frutas, vegetais e grãos. Especialmente ameixas, peras, laranjas, maçãs, legumes, feijão, couve-flor, abobrinha, batata-doce, germe de trigo, cereais, milho e aveia.

Fitoestrógenos – são substâncias chamadas isoflavonas presentes em certos vegetais (soja, por exemplo) cuja fórmula química é muito semelhante ao hormônio feminino estrógeno, podendo substituí-lo em certas ações. As mulheres japonesas parecem ter menos sintomas de menopausa por consumirem grande quantidade de fitoestrógenos. Além disso, inibem o crescimento de tumores de mama e próstata.

Glicose – carboidrato simples conhecido como açúcar , que se constitui no maior combustível do organismo mas que, ingerido em excesso, se deposita como glicogênio e promove a obesidade. Diabete é a situação de glicose elevada no sangue devido ao imperfeito manejo do açúcar, que termina por levar à aterosclerose.

Halvarina – alimento semelhante as margarinas, porém com menor conteúdo de gorduras. Equivalente à margarina light.

Hidrogenação – é o processo químico de inibição da oxidação das gorduras vegetais através da oferta de hidrogênio, o que permite que se tornem duráveis cremosas ou até sólidas e não percam sua característica de insaturação. Normalmente as gorduras vegetais são insaturadas e líquidas.

Frutas cítricas como a laranja, limão, lima, tangerina e acerola contêm vitamina C e vários anticancerígenos.

Homocisteína – é um aminoácido que faz parte das proteínas cuja concentração no sangue pode elevar-se provocando doença arterial semelhante à produzida pelo colesterol. Parece também envolver-se na evolução da doença de Alzheimer. Seu nível normal no sangue é de 13mg/dl. Seu antagonista é o ácido fólico na dose de 400mcg/dia.

Isoflavonas – são bioflavonoides com estrutura química semelhante ao hormônio feminino estrógeno, podendo substituí-lo atenuando seus efeitos nocivos. A soja é uma fonte de isoflavona.

Licopeno – pigmento do tomate e frutas vermelhas como morango, melancia etc. que tem o poder antioxidante de reduzir o câncer de próstata e de muitos outros órgãos.

Nitrosamina – são substâncias potencialmente cancerígenas produzidas pela reação de nitritos com aminas, normalmente presentes no corpo humano. Os nitritos são frequentemente usados na conservação de alimentos e aumentam a chance desta reação.

Omega-3 – é um ácido graxo poli-insaturado que vem principalmente dos produtos do mar e de águas frias, como salmão, sardinha, anchova, peixe espada, truta, bacalhau. Estes peixes ingerem algas marinhas ricas em ácidos graxos insaturados. Ômega-3 e 6 estão relacionados com redução de formação de coágulos na circulação, redução do colesterol total e do mau colesterol LDL.

Óleos de peixe são as gorduras mais insaturadas, duas vezes mais do que as vegetais, e portanto mais benéficas à saúde.

Ômega-6 – é um ácido graxo poli-insaturado que constitui 90% da dieta e vem geralmente de óleos vegetais, como soja, milho, girassol.

Osteoporose – doença progressiva quase exclusiva das mulheres, que após 50 anos de idade desmineraliza os ossos, descalcificando-os ao ponto de produzir fraturas espontâneas. A suplementação de cálcio na dose diária de 1g é importante para prevenir a osteoporose, mas nada substitui uma alimentação saudável rica em cálcio natural.

Oxidação – a oxidação é o processo de envelhecimento celular que ocorre por um processo químico de captação do oxigênio, liberando elétrons considerados radicais livres. É o equivalente à ferrugem dos metais.

Pectina – um tipo de fibra existente na maçã, em sua casca e em sua polpa, que a torna um alimento de alta qualidade.

Quercitina – um tipo de flavonoide presente na cebola, no vinho e em inúmeros vegetais, responsável pela proteção das artérias pela sua ação sobre o metabolismo das gorduras, principalmente o colesterol.

Radicais livres – são oxidantes que agem ativamente no organismo em nosso processo de envelhecimento, desencadeando o mecanismo de geração de câncer ou de aterosclerose. São átomos com elétrons livres que

---

Amendoim, nozes e castanhas são ricas em gorduras monoinsaturadas.

se combinam imediatamente com outras moléculas, irritando as paredes das artérias e iniciando o processo de aterosclerose ou desencadeando alterações nas células que terminam levando ao câncer. Radicais livres são toxinas que o organismo descarrega na circulação e que terminam por agredir as nossas artérias. O hábito de fumar e até o fumo passivo em ambientes fechados estimulam a sua produção. Além disso, a poluição do ar e a ingestão de gorduras também eliminam radicais livres para a circulação. Radicais livres são como se o automóvel tivesse o cano de descarga liberando dejetos para dentro do carro. Radicais livres parecem ser a grande causa de envelhecimento. Para antagonizá-los, contamos com vitaminas B, C, E e betacaroteno e outros antioxidantes.

Saturação – processo químico de preenchimento dos átomos livres de carbono nas cadeias de gorduras chamadas ácidos graxos. Quanto mais saturada a gordura, mais sólida e mais maléfica à saúde.

Testosterona – é o hormônio masculino produzido nos testículos.

Tofu – alimento da culinária japonesa à base de soja e, portanto, rico em isoflavonas.

Triglicerídeos – componentes químicos compostos de ácidos graxos e glicerol. É a gordura principal presente nos seres vivos animais e vegetais. No ser humano, é a gordura mais comum em circulação

---

Pesquise nos rótulos dos alimentos a quantidade de gorduras, fibras, colesterol e sódio.

no sangue, também responsável pelos depósitos no corpo, deixando-o em forma de maçã ao chegar à idade adulta. O limite normal no sangue é de até 200mg/dl.

Vitaminas – são (em torno de 15) componentes do metabolismo dos seres vivos animais e vegetais, essenciais em pequenas quantidades para o funcionamento do organismo. A maioria tem que ser absorvida pela alimentação, pois não são fabricadas pelo organismo.

A gordura do coco não é inocente, pois vem carregada de ácidos graxos saturados, apesar de ser líquida.

ÍNDICE

Os Autores / 8

COMER DE FORMA SAUDÁVEL PODE SER UM PRAZER / 9

AS BOAS NOTÍCIAS DA ALIMENTAÇÃO SAUDÁVEL / 12
    Verduras, frutas, pão integral, cereais / 12
    Soja / 12
    Isoflavonas ou fitoestrógenos / 13
    Sementes de linho / 13
    Ácido fólico e homocisteína / 14
    A velha e perfeita água / 14
    Fontes naturais de cálcio / 15

AS MÁS NOTÍCIAS / 16
    Associação de álcool e fumo / 16
    Cuidado com os defumados / 16
    Proteínas em excesso / 16
    Gorduras em excesso / 17
    Sempre o colesterol / 17

DICAS DO DOUTOR PARA COMER BEM, COM SAÚDE E SABOR / 18
    Estilo de vida inclui uma boa alimentação / 18
    Porque relacionamos comer com engordar / 19
    O que nos engorda? / 20
    Comer e não engordar? / 21
    Paradoxo francês / 21

SAL, O MAU HÁBITO QUE ADQUIRIMOS NA INFÂNCIA / 22
    Truques para evitar o excesso de sal / 24

TRUQUES PARA COMER MENOS / 25

Dicas do Anonymus Gourmet para comer bem, com saúde e sabor / 27
    O luxo e o lixo na cozinha / 27
    A saúde das frutas / 27
    Diet e saboroso / 28
    Amor e ódio pela cebola / 28
    Pimenta afrodisíaca / 29
    Pimenta afrodisíaca... e saudável! / 30
    Tábuas e colheres de madeira na cozinha / 31
    Panelas saudáveis / 31
    Insuperável arroz / 32
    Tomates: saborosos e saudáveis / 32
    Vinagre: higiene e sabor / 33
    Conservação dos temperos / 34
    Desperdício de alimentos / 35
    Bendito azeite de oliva / 35
    Vinho na comida / 36
    A cozinha do amanhã / 38
    O rei dos vegetais / 38
    A cozinha depois da festa / 39
    Como tirar a gordura dos tabletes de caldo de carne / 40

Sopas, a grande solução – O encanto das sopas / 42
    Sopa de aipim / 42
    Sopa de charque / 43
    Sopa de feijão / 44
    Creme de milho fácil / 45
    Outra forma de fazer o creme de milho / 45
    Sopa doce de cerveja / 47

Receitas discutidas, comentadas e recomendadas pelo Doutor e pelo Gourmet / 48

Caldos e sopas / 48

Caldo de galinha magro / 48
Caldo de carne magro mais incrementado / 50
Creme de tomate / 52
Creme de alface / 53
Sopa de peixe / 54
Sopa de pimentão amarelo / 57
Gazpacho / 58
Caldo de salmão / 60

Saladas / 62
Salada capresa / 62
Salada de frango ao curry / 64
Musse de pepino / 65
Salada de macarrão light / 67
Maionese sem gemas de ovos / 68
Salada cor-de-rosa / 69
Salada princesa / 70
Galantina de tomate / 72
Falsa maionese de pêssegos / 73

Peixes / 75
Peixe gostoso e saudável / 75
Peixe em camadas / 76
Peixe com Bananas / 77
Linguado ao requeijão / 79
Salmão no forno / 81

Peixe x carne vermelha / 83

Os sete pecados da carne segundo o doutor / 85

Carnes / 88
Picanha ao molho de cerveja preta / 88
Bifes acebolados / 90
Carne de panela / 91

Carne de panela com pinhão / 93
Carrê de ovelha ensopado com batatas / 94
Costela de ovelha com trigo / 95
Costela com molho de laranja / 97
Filé de frango com tomate seco / 99
Rocambole de guisado light / 100
Fígado com manjericão / 102

MOLHOS / 104
Molho de verduras / 104
Acompanhamentos / 106
Torta de espinafre / 106
Quiche de aspargos / 107
Brócolis gratinados / 109
Abobrinha gratinada / 110

ARROZ / 112
Arroz integral com bacalhau / 112
Arroz com cogumelos frescos / 113
Arroz ao champanhe / 115
Arroz com maçã / 116

MASSAS / 119
Massa ao molho de queijo com uvas / 119
Fettuccine light com molho de ameixas / 121
Capeletti com peru / 123

LANCHES / 125
Sanduiche de atum / 125
Sanduíche de peito de peru com rúcula / 126

SOBREMESAS / 128
Farofa de frutas assadas / 128
Bolo de cenoura diet / 130
Torta light de ricota com limão / 131

Do que nosso organismo precisa? / 134
    O que são gorduras / 135
    As gorduras que comemos / 136
    Riscos da tecnologia / 138
    Quanta gordura podemos comer diariamente? / 139
    O que são carboidratos? / 141
    O que são proteínas? / 144
    Ingestão recomendada de proteínas / 146
    Vitaminas / 146
    Minerais / 147
    Água / 149
    Fibras / 150
    Quantidade de fibras necessárias por dia / 151

Coleção **L&PM** POCKET (LANÇAMENTOS MAIS RECENTES)

413. **De ratos e homens** – John Steinbeck
414. **Lazarilho de Tormes** – Anônimo do séc. XVI
415. **Triângulo das águas** – Caio Fernando Abreu
416. **100 receitas de carnes** – Sílvio Lancellotti
417. **Histórias de robôs: vol. 1** – org. Isaac Asimov
418. **Histórias de robôs: vol. 2** – org. Isaac Asimov
419. **Histórias de robôs: vol. 3** – org. Isaac Asimov
420. **O país dos centauros** – Tabajara Ruas
421. **A república de Anita** – Tabajara Ruas
422. **A carga dos lanceiros** – Tabajara Ruas
423. **Um amigo de Kafka** – Isaac Singer
424. **As alegres matronas de Windsor** – Shakespeare
425. **Amor e exílio** – Isaac Bashevis Singer
426. **Use & abuse do seu signo** – Marília Fiorillo e Marylou Simonsen
427. **Pigmaleão** – Bernard Shaw
428. **As fenícias** – Eurípides
429. **Everest** – Thomaz Brandolin
430. **A arte de furtar** – Anônimo do séc. XVI
431. **Billy Bud** – Herman Melville
432. **A rosa separada** – Pablo Neruda
433. **Elegia** – Pablo Neruda
434. **A garota de Cassidy** – David Goodis
435. **Como fazer a guerra: máximas de Napoleão** – Balzac
436. **Poemas escolhidos** – Emily Dickinson
437. **Gracias por el fuego** – Mario Benedetti
438. **O sofá** – Crébillon Fils
439. **O "Martín Fierro"** – Jorge Luis Borges
440. **Trabalhos de amor perdidos** – W. Shakespeare
441. **O melhor de Hagar 3** – Dik Browne
442. **Os Maias (volume1)** – Eça de Queiroz
443. **Os Maias (volume2)** – Eça de Queiroz
444. **Anti-Justine** – Restif de La Bretonne
445. **Juventude** – Joseph Conrad
446. **Contos** – Eça de Queiroz
447. **Janela para a morte** – Raymond Chandler
448. **Um amor de Swann** – Marcel Proust
449. **À paz perpétua** – Immanuel Kant
450. **A conquista do México** – Hernan Cortez
451. **Defeitos escolhidos e 2000** – Pablo Neruda
452. **O casamento do céu e do inferno** – William Blake
453. **A primeira viagem ao redor do mundo** – Antonio Pigafetta
454. (14).**Uma sombra na janela** – Simenon
455. (15).**A noite da encruzilhada** – Simenon
456. (16).**A velha senhora** – Simenon
457. **Sartre** – Annie Cohen-Solal
458. **Discurso do método** – René Descartes
459. **Garfield em grande forma (1)** – Jim Davis
460. **Garfield está de dieta (2)** – Jim Davis
461. **O livro das feras** – Patricia Highsmith
462. **Viajante solitário** – Jack Kerouac
463. **Auto da barca do inferno** – Gil Vicente
464. **O livro vermelho dos pensamentos de Millôr** – Millôr Fernandes
465. **O livro dos abraços** – Eduardo Galeano
466. **Voltaremos!** – José Antonio Pinheiro Machado
467. **Rango** – Edgar Vasques
468. (8).**Dieta mediterrânea** – Dr. Fernando Lucchese e José Antonio Pinheiro Machado
469. **Radicci 5** – Iotti
470. **Pequenos pássaros** – Anaïs Nin
471. **Guia prático do Português correto – vol.3** – Cláudio Moreno
472. **Atire no pianista** – David Goodis
473. **Antologia Poética** – García Lorca
474. **Alexandre e César** – Plutarco
475. **Uma espiã na casa do amor** – Anaïs Nin
476. **A gorda do Tiki Bar** – Dalton Trevisan
477. **Garfield um gato de peso (3)** – Jim Davis
478. **Canibais** – David Coimbra
479. **A arte de escrever** – Arthur Schopenhauer
480. **Pinóquio** – Carlo Collodi
481. **Misto-quente** – Bukowski
482. **A lua na sarjeta** – David Goodis
483. **O melhor do Recruta Zero (1)** – Mort Walker
484. **Aline: TPM – tensão pré-monstrual (2)** – Adão Iturrusgarai
485. **Sermões do Padre Antonio Vieira**
486. **Garfield numa boa (4)** – Jim Davis
487. **Mensagem** – Fernando Pessoa
488. **Vendeta** *seguido de* **A paz conjugal** – Balzac
489. **Poemas de Alberto Caeiro** – Fernando Pessoa
490. **Ferragus** – Honoré de Balzac
491. **A duquesa de Langeais** – Honoré de Balzac
492. **A menina dos olhos de ouro** – Honoré de Balzac
493. **O lírio do vale** – Honoré de Balzac
494. (17).**A barcaça da morte** – Simenon
495. (18).**As testemunhas rebeldes** – Simenon
496. (19).**Um engano de Maigret** – Simenon
497. (1).**A noite das bruxas** – Agatha Christie
498. (2).**Um passe de mágica** – Agatha Christie
499. (3).**Nêmesis** – Agatha Christie
500. **Esboço para uma teoria das emoções** – Sartre
501. **Renda básica de cidadania** – Eduardo Suplicy
502. (1).**Pílulas para viver melhor** – Dr. Lucchese
503. (2).**Pílulas para prolongar a juventude** – Dr. Lucchese
504. (3).**Desembarcando o diabetes** – Dr. Lucchese
505. (4).**Desembarcando o sedentarismo** – Dr. Fernando Lucchese e Cláudio Castro
506. (5).**Desembarcando a hipertensão** – Dr. Lucchese
507. (6).**Desembarcando o colesterol** – Dr. Fernando Lucchese e Fernanda Lucchese
508. **Estudos de mulher** – Balzac
509. **O terceiro tira** – Flann O'Brien
510. **100 receitas de aves e ovos** – J. A. P. Machado
511. **Garfield em toneladas de diversão (5)** – Jim Davis
512. **Trem-bala** – Martha Medeiros
513. **Os cães ladram** – Truman Capote
514. **O Kama Sutra de Vatsyayana**
515. **O crime do Padre Amaro** – Eça de Queiroz
516. **Odes de Ricardo Reis** – Fernando Pessoa
517. **O inverno da nossa desesperança** – Steinbeck
518. **Piratas do Tietê (1)** – Laerte
519. **Rê Bordosa: do começo ao fim** – Angeli

520. **O Harlem é escuro** – Chester Himes
521. **Café-da-manhã dos campeões** – Kurt Vonnegut
522. **Eugénie Grandet** – Balzac
523. **O último magnata** – F. Scott Fitzgerald
524. **Carol** – Patricia Highsmith
525. **100 receitas de patisseria** – Silvio Lancellotti
526. **O fator humano** – Graham Greene
527. **Tristessa** – Jack Kerouac
528. **O diamante do tamanho do Ritz** – Scott Fitzgerald
529. **As melhores histórias de Sherlock Holmes** – Arthur Conan Doyle
530. **Cartas a um jovem poeta** – Rilke
531(20). **Memórias de Maigret** – Simenon
532(4). **O misterioso sr. Quin** – Agatha Christie
533. **Os analectos** – Confúcio
534(21). **Maigret e os homens de bem** – Simenon
535(22). **O medo de Maigret** – Simenon
536. **Ascensão e queda de César Birotteau** – Balzac
537. **Sexta-feira negra** – David Goodis
538. **Ora bolas – O humor de Mario Quintana** – Juarez Fonseca
539. **Longe daqui aqui mesmo** – Antonio Bivar
540(5). **É fácil matar** – Agatha Christie
541. **O pai Goriot** – Balzac
542. **Brasil, um país do futuro** – Stefan Zweig
543. **O processo** – Kafka
544. **O melhor de Hagar 4** – Dik Browne
545(6). **Por que não pediram a Evans?** – Agatha Christie
546. **Fanny Hill** – John Cleland
547. **O gato por dentro** – William S. Burroughs
548. **Sobre a brevidade da vida** – Sêneca
549. **Geraldão (1)** – Glauco
550. **Piratas do Tietê (2)** – Laerte
551. **Pagando o pato** – Ciça
552. **Garfield de bom humor (6)** – Jim Davis
553. **Conhece o Mário?** vol.1 – Santiago
554. **Radicci 6** – Iotti
555. **Os subterrâneos** – Jack Kerouac
556(1). **Balzac** – François Taillandier
557(2). **Modigliani** – Christian Parisot
558(3). **Kafka** – Gérard-Georges Lemaire
559(4). **Júlio César** – Joël Schmidt
560. **Receitas da família** – J. A. Pinheiro Machado
561. **Boas maneiras à mesa** – Celia Ribeiro
562(9). **Filhos sadios, pais felizes** – R. Pagnoncelli
563(10). **Fatos & mitos** – Dr. Fernando Lucchese
564. **Ménage à trois** – Paula Taitelbaum
565. **Mulheres!** – David Coimbra
566. **Poemas de Álvaro de Campos** – Fernando Pessoa
567. **Medo e outras histórias** – Stefan Zweig
568. **Snoopy e sua turma (1)** – Schulz
569. **Piadas para sempre (1)** – Visconde da Casa Verde
570. **O alvo móvel** – Ross Macdonald
571. **O melhor do Recruta Zero (2)** – Mort Walker
572. **Um sonho americano** – Norman Mailer
573. **Os broncos também amam** – Angeli
574. **Crônica de um amor louco** – Bukowski
575(5). **Freud** – René Major e Chantal Talagrand
576(6). **Picasso** – Gilles Plazy
577(7). **Gandhi** – Christine Jordis
578. **A tumba** – H. P. Lovecraft
579. **O príncipe e o mendigo** – Mark Twain
580. **Garfield, um charme de gato (7)** – Jim Davis
581. **Ilusões perdidas** – Balzac
582. **Esplendores e misérias das cortesãs** – Balzac
583. **Walter Ego** – Angeli
584. **Striptiras (1)** – Laerte
585. **Fagundes: um puxa-saco de mão cheia** – Laerte
586. **Depois do último trem** – Josué Guimarães
587. **Ricardo III** – Shakespeare
588. **Dona Anja** – Josué Guimarães
589. **24 horas na vida de uma mulher** – Stefan Zweig
590. **O terceiro homem** – Graham Greene
591. **Mulher no escuro** – Dashiell Hammett
592. **No que acredito** – Bertrand Russell
593. **Odisséia (1): Telemaquia** – Homero
594. **O cavalo cego** – Josué Guimarães
595. **Henrique V** – Shakespeare
596. **Fabulário geral do delírio cotidiano** – Bukowski
597. **Tiros na noite 1: A mulher do bandido** – Dashiell Hammett
598. **Snoopy em Feliz Dia dos Namorados! (2)** – Schulz
599. **Mas não se matam cavalos?** – Horace McCoy
600. **Crime e castigo** – Dostoiévski
601(7). **Mistério no Caribe** – Agatha Christie
602. **Odisséia (2): Regresso** – Homero
603. **Piadas para sempre (2)** – Visconde da Casa Verde
604. **À sombra do vulcão** – Malcolm Lowry
605(8). **Kerouac** – Yves Buin
606. **E agora são cinzas** – Angeli
607. **As mil e uma noites** – Paulo Caruso
608. **Um assassino entre nós** – Ruth Rendell
609. **Crack-up** – F. Scott Fitzgerald
610. **Do amor** – Stendhal
611. **Cartas do Yage** – William Burroughs e Allen Ginsberg
612. **Striptiras (2)** – Laerte
613. **Henry & June** – Anaïs Nin
614. **A piscina mortal** – Ross Macdonald
615. **Geraldão (2)** – Glauco
616. **Tempo de delicadeza** – A. R. de Sant'Anna
617. **Tiros na noite 2: Medo de tiro** – Dashiell Hammett
618. **Snoopy em Assim é a vida, Charlie Brown! (3)** – Schulz
619. **1954 – Um tiro no coração** – Hélio Silva
620. **Sobre a inspiração poética (Íon) e ...** – Platão
621. **Garfield e seus amigos (8)** – Jim Davis
622. **Odisséia (3): Ítaca** – Homero
623. **A louca matança** – Chester Himes
624. **Factótum** – Bukowski
625. **Guerra e Paz: volume 1** – Tolstói
626. **Guerra e Paz: volume 2** – Tolstói
627. **Guerra e Paz: volume 3** – Tolstói
628. **Guerra e Paz: volume 4** – Tolstói
629(9). **Shakespeare** – Claude Mourthé
630. **Bem está o que bem acaba** – Shakespeare
631. **O contrato social** – Rousseau

632. **Geração Beat** – Jack Kerouac
633. **Snoopy: É Natal! (4)** – Charles Schulz
634(8). **Testemunha da acusação** – Agatha Christie
635. **Um elefante no caos** – Millôr Fernandes
636. **Guia de leitura (100 autores que você precisa ler)** – Organização de Léa Masina
637. **Pistoleiros também mandam flores** – David Coimbra
638. **O prazer das palavras** – vol. 1 – Cláudio Moreno
639. **O prazer das palavras** – vol. 2 – Cláudio Moreno
640. **Novíssimo testamento: com Deus e o diabo, a dupla da criação** – Iotti
641. **Literatura Brasileira: modos de usar** – Luís Augusto Fischer
642. **Dicionário de Porto-Alegrês** – Luís A. Fischer
643. **Clô Dias & Noites** – Sérgio Jockymann
644. **Memorial de Isla Negra** – Pablo Neruda
645. **Um homem extraordinário e outras histórias** – Tchékhov
646. **Ana sem terra** – Alcy Cheuiche
647. **Adultérios** – Woody Allen
648. **Para sempre ou nunca mais** – R. Chandler
649. **Nosso homem em Havana** – Graham Greene
650. **Dicionário Caldas Aulete de Bolso**
651. **Snoopy: Posso fazer uma pergunta, professora? (5)** – Charles Schulz
652(10). **Luís XVI** – Bernard Vincent
653. **O mercador de Veneza** – Shakespeare
654. **Cancioneiro** – Fernando Pessoa
655. **Non-Stop** – Martha Medeiros
656. **Carpinteiros, levantem bem alto a cumeeira & Seymour, uma apresentação** – J.D. Salinger
657. **Ensaios céticos** – Bertrand Russell
658. **O melhor de Hagar 5** – Dik e Chris Browne
659. **Primeiro amor** – Ivan Turguêniev
660. **A trégua** – Mario Benedetti
661. **Um parque de diversões da cabeça** – Lawrence Ferlinghetti
662. **Aprendendo a viver** – Sêneca
663. **Garfield, um gato em apuros (9)** – Jim Davis
664. **Dilbert 1** – Scott Adams
665. **Dicionário de dificuldades** – Domingos Paschoal Cegalla
666. **A imaginação** – Jean-Paul Sartre
667. **O ladrão e os cães** – Naguib Mahfuz
668. **Gramática do português contemporâneo** – Celso Cunha
669. **A volta do parafuso** *seguido de* **Daisy Miller** – Henry James
670. **Notas do subsolo** – Dostoiévski
671. **Abobrinhas da Brasilônia** – Glauco
672. **Geraldão (3)** – Glauco
673. **Piadas para sempre (3)** – Visconde da Casa Verde
674. **Duas viagens ao Brasil** – Hans Staden
675. **Bandeira de bolso** – Manuel Bandeira
676. **A arte da guerra** – Maquiavel
677. **Além do bem e do mal** – Nietzsche
678. **O coronel Chabert** *seguido de* **A mulher abandonada** – Balzac
679. **O sorriso de marfim** – Ross Macdonald
680. **100 receitas de pescados** – Silvio Lancellotti
681. **O juiz e seu carrasco** – Friedrich Dürrenmatt
682. **Noites brancas** – Dostoiévski
683. **Quadras ao gosto popular** – Fernando Pessoa
684. **Romanceiro da Inconfidência** – Cecília Meireles
685. **Kaos** – Millôr Fernandes
686. **A pele de onagro** – Balzac
687. **As ligações perigosas** – Choderlos de Laclos
688. **Dicionário de matemática** – Luiz Fernandes Cardoso
689. **Os Lusíadas** – Luís Vaz de Camões
690(11). **Átila** – Éric Deschodt
691. **Um jeito tranqüilo de matar** – Chester Himes
692. **A felicidade conjugal** *seguido de* **O diabo** – Tolstói
693. **Viagem de um naturalista ao redor do mundo** – vol. 1 – Charles Darwin
694. **Viagem de um naturalista ao redor do mundo** – vol. 2 – Charles Darwin
695. **Memórias da casa dos mortos** – Dostoiévski
696. **A Celestina** – Fernando de Rojas
697. **Snoopy: Como você é azarado, Charlie Brown! (6)** – Charles Schulz
698. **Dez (quase) amores** – Claudia Tajes
699(9). **Poirot sempre espera** – Agatha Christie
700. **Cecília de bolso** – Cecília Meireles
701. **Apologia de Sócrates** *precedido de* **Êutifron** e *seguido de* **Críton** – Platão
702. **Wood & Stock** – Angeli
703. **Striptiras (3)** – Laerte
704. **Discurso sobre a origem e os fundamentos da desigualdade entre os homens** – Rousseau
705. **Os duelistas** – Joseph Conrad
706. **Dilbert (2)** – Scott Adams
707. **Viver e escrever** (vol. 1) – Edla van Steen
708. **Viver e escrever** (vol. 2) – Edla van Steen
709. **Viver e escrever** (vol. 3) – Edla van Steen
710(10). **A teia da aranha** – Agatha Christie
711. **O banquete** – Platão
712. **Os belos e malditos** – F. Scott Fitzgerald
713. **Libelo contra a arte moderna** – Salvador Dalí
714. **Akropolis** – Valerio Massimo Manfredi
715. **Devoradores de mortos** – Michael Crichton
716. **Sob o sol da Toscana** – Frances Mayes
717. **Batom na cueca** – Nani
718. **Vida dura** – Claudia Tajes
719. **Carne trêmula** – Ruth Rendell
720. **Cris, a fera** – David Coimbra
721. **O anticristo** – Nietzsche
722. **Como um romance** – Daniel Pennac
723. **Emboscada no Forte Bragg** – Tom Wolfe
724. **Assédio sexual** – Michael Crichton
725. **O espírito do Zen** – Alan W. Watts
726. **Um bonde chamado desejo** – Tennessee Williams
727. **Como gostais** *seguido de* **Conto de inverno** – Shakespeare
728. **Tratado sobre a tolerância** – Voltaire
729. **Snoopy: Doces ou travessuras? (7)** – Charles Schulz
730. **Cardápios do Anonymus Gourmet** – J.A. Pinheiro Machado
731. **100 receitas com lata** – J.A. Pinheiro Machado
732. **Conhece o Mário?** vol.2 – Santiago
733. **Dilbert (3)** – Scott Adams

734. **História de um louco amor** *seguido de* **Passado amor** – Horacio Quiroga
735(11). **Sexo: muito prazer** – Laura Meyer da Silva
736(12). **Para entender o adolescente** – Dr. Ronald Pagnoncelli
737(13). **Desembarcando a tristeza** – Dr. Fernando Lucchese
738. **Poirot e o mistério da arca espanhola & outras histórias** – Agatha Christie
739. **A última legião** – Valerio Massimo Manfredi
740. **As virgens suicidas** – Jeffrey Eugenides
741. **Sol nascente** – Michael Crichton
742. **Duzentos ladrões** – Dalton Trevisan
743. **Os devaneios do caminhante solitário** – Rousseau
744. **Garfield, o rei da preguiça (10)** – Jim Davis
745. **Os magnatas** – Charles R. Morris
746. **Pulp** – Charles Bukowski
747. **Enquanto agonizo** – William Faulkner
748. **Aline: viciada em sexo (3)** – Adão Iturrusgarai
749. **A dama do cachorrinho** – Anton Tchékhov
750. **Tito Andrônico** – Shakespeare
751. **Antologia poética** – Anna Akhmátova
752. **O melhor de Hagar 6** – Dik e Chris Browne
753(12). **Michelangelo** – Nadine Sautel
754. **Dilbert (4)** – Scott Adams
755. **O jardim das cerejeiras** *seguido de* **Tio Vânia** – Tchékhov
756. **Geração Beat** – Claudio Willer
757. **Santos Dumont** – Alcy Cheuiche
758. **Budismo** – Claude B. Levenson
759. **Cleópatra** – Christian-Georges Schwentzel
760. **Revolução Francesa** – Frédéric Bluche, Stéphane Rials e Jean Tulard
761. **A crise de 1929** – Bernard Gazier
762. **Sigmund Freud** – Edson Sousa e Paulo Endo
763. **Império Romano** – Patrick Le Roux
764. **Cruzadas** – Cécile Morrisson
765. **O mistério do Trem Azul** – Agatha Christie
766. **Os escrúpulos de Maigret** – Simenon
767. **Maigret se diverte** – Simenon
768. **Senso comum** – Thomas Paine
769. **O parque dos dinossauros** – Michael Crichton
770. **Trilogia da paixão** – Goethe
771. **A simples arte de matar (vol.1)** – R. Chandler
772. **A simples arte de matar (vol.2)** – R. Chandler
773. **Snoopy: No mundo da lua! (8)** – Charles Schulz
774. **Os Quatro Grandes** – Agatha Christie
775. **Um brinde de cianureto** – Agatha Christie
776. **Súplicas atendidas** – Truman Capote
777. **Ainda restam aveleiras** – Simenon
778. **Maigret e o ladrão preguiçoso** – Simenon
779. **A viúva imortal** – Millôr Fernandes
780. **Cabala** – Roland Goetschel
781. **Capitalismo** – Claude Jessua
782. **Mitologia grega** – Pierre Grimal
783. **Economia: 100 palavras-chave** – Jean-Paul Betbèze
784. **Marxismo** – Henri Lefebvre
785. **Punição para a inocência** – Agatha Christie
786. **A extravagância do morto** – Agatha Christie
787(13). **Cézanne** – Bernard Fauconnier
788. **A identidade Bourne** – Robert Ludlum
789. **Da tranquilidade da alma** – Sêneca
790. **Um artista da fome** *seguido de* **Na colônia penal e outras histórias** – Kafka
791. **Histórias de fantasmas** – Charles Dickens
792. **A louca de Maigret** – Simenon
793. **O amigo de infância de Maigret** – Simenon
794. **O revólver de Maigret** – Simenon
795. **A fuga do sr. Monde** – Simenon
796. **O Uraguai** – Basílio da Gama
797. **A mão misteriosa** – Agatha Christie
798. **Testemunha ocular do crime** – Agatha Christie
799. **Crepúsculo dos ídolos** – Friedrich Nietzsche
800. **Maigret e o negociante de vinhos** – Simenon
801. **Maigret e o mendigo** – Simenon
802. **O grande golpe** – Dashiell Hammett
803. **Humor barra pesada** – Nani
804. **Vinho** – Jean-François Gautier
805. **Egito Antigo** – Sophie Desplancques
806(14). **Baudelaire** – Jean-Baptiste Baronian
807. **Caminho da sabedoria, caminho da paz** – Dalai Lama e Felizitas von Schönborn
808. **Senhor e servo e outras histórias** – Tolstói
809. **Os cadernos de Malte Laurids Brigge** – Rilke
810. **Dilbert (5)** – Scott Adams
811. **Big Sur** – Jack Kerouac
812. **Seguindo a correnteza** – Agatha Christie
813. **O álibi** – Sandra Brown
814. **Montanha-russa** – Martha Medeiros
815. **Coisas da vida** – Martha Medeiros
816. **A cantada infalível** *seguido de* **A mulher do centroavante** – David Coimbra
817. **Maigret e os crimes do cais** – Simenon
818. **Sinal vermelho** – Simenon
819. **Snoopy: Pausa para a soneca (9)** – Charles Schulz
820. **De pernas pro ar** – Eduardo Galeano
821. **Tragédias gregas** – Pascal Thiercy
822. **Existencialismo** – Jacques Colette
823. **Nietzsche** – Jean Granier
824. **Amar ou depender?** – Walter Riso
825. **Darmapada: A doutrina budista em versos**
826. **J'Accuse...! – a verdade em marcha** – Zola
827. **Os crimes ABC** – Agatha Christie
828. **Um gato entre os pombos** – Agatha Christie
829. **Maigret e o sumiço do sr. Charles** – Simenon
830. **Maigret e a morte do jogador** – Simenon
831. **Dicionário de teatro** – Luiz Paulo Vasconcellos
832. **Cartas extraviadas** – Martha Medeiros
833. **A longa viagem de prazer** – J. J. Morosoli
834. **Receitas fáceis** – J. A. Pinheiro Machado
835(14). **Mais fatos & mitos** – Dr. Fernando Lucchese
836(15). **Boa viagem!** – Dr. Fernando Lucchese
837. **Aline: Finalmente nua!!! (4)** – Adão Iturrusgarai
838. **Mônica tem uma novidade!** – Mauricio de Sousa
839. **Cebolinha em apuros!** – Mauricio de Sousa
840. **Sócios no crime** – Agatha Christie
841. **Bocas do tempo** – Eduardo Galeano
842. **Orgulho e preconceito** – Jane Austen
843. **Impressionismo** – Dominique Lobstein
844. **Escrita chinesa** – Viviane Alleton
845. **Paris: uma história** – Yvan Combeau
846(15). **Van Gogh** – David Haziot
847. **Maigret e o corpo sem cabeça** – Simenon
848. **Portal do destino** – Agatha Christie

849. **O futuro de uma ilusão** – Freud
850. **O mal-estar na cultura** – Freud
851. **Maigret e o matador** – Simenon
852. **Maigret e o fantasma** – Simenon
853. **Um crime adormecido** – Agatha Christie
854. **Satori em Paris** – Jack Kerouac
855. **Medo e delírio em Las Vegas** – Hunter Thompson
856. **Um negócio fracassado e outros contos de humor** – Tchékhov
857. **Mônica está de férias!** – Mauricio de Sousa
858. **De quem é esse coelho?** – Mauricio de Sousa
859. **O burgomestre de Furnes** – Simenon
860. **O mistério sitafórico** – Agatha Christie
861. **Manhã transfigurada** – Luiz Antonio de Assis Brasil
862. **Alexandre, o Grande** – Pierre Briant
863. **Jesus** – Charles Perrot
864. **Islã** – Paul Balta
865. **Guerra da Secessão** – Farid Ameur
866. **Um rio que vem da Grécia** – Cláudio Moreno
867. **Maigret e os colegas americanos** – Simenon
868. **Assassinato na casa do pastor** – Agatha Christie
869. **Manual do líder** – Napoleão Bonaparte
870(16). **Billie Holiday** – Sylvia Fol
871. **Bidu arrasando!** – Mauricio de Sousa
872. **Desventuras em família** – Mauricio de Sousa
873. **Liberty Bar** – Simenon
874. **E no final a morte** – Agatha Christie
875. **Guia prático do Português correto – vol. 4** – Cláudio Moreno
876. **Dilbert (6)** – Scott Adams
877(17). **Leonardo da Vinci** – Sophie Chauveau
878. **Bella Toscana** – Frances Mayes
879. **A arte da ficção** – David Lodge
880. **Striptiras (4)** – Laerte
881. **Skrotinhos** – Angeli
882. **Depois do funeral** – Agatha Christie
883. **Radicci 7** – Iotti
884. **Walden** – H. D. Thoreau
885. **Lincoln** – Allen C. Guelzo
886. **Primeira Guerra Mundial** – Michael Howard
887. **A linha de sombra** – Joseph Conrad
888. **O amor é um cão dos diabos** – Bukowski
889. **Maigret sai em viagem** – Simenon
890. **Despertar: uma vida de Buda** – Jack Kerouac
891(18). **Albert Einstein** – Laurent Seksik
892. **Hell's Angels** – Hunter Thompson
893. **Ausência na primavera** – Agatha Christie
894. **Dilbert (7)** – Scott Adams
895. **Ao sul de lugar nenhum** – Bukowski
896. **Maquiavel** – Quentin Skinner
897. **Sócrates** – C.C.W. Taylor
898. **A casa do canal** – Simenon
899. **O Natal de Poirot** – Agatha Christie
900. **As veias abertas da América Latina** – Eduardo Galeano
901. **Snoopy: Sempre alerta! (10)** – Charles Schulz
902. **Chico Bento: Plantando confusão** – Mauricio de Sousa
903. **Penadinho: Quem é morto sempre aparece** – Mauricio de Sousa
904. **A vida sexual da mulher feia** – Claudia Tajes
905. **100 segredos do liquidificador** – José Antonio Pinheiro Machado
906. **Sexo muito prazer 2** – Laura Meyer da Silva
907. **Os nascimentos** – Eduardo Galeano
908. **As caras e as máscaras** – Eduardo Galeano
909. **O século do vento** – Eduardo Galeano
910. **Poirot perde uma cliente** – Agatha Christie
911. **Cérebro** – Michael O'Shea
912. **O escaravelho de ouro e outras histórias** – Edgar Allan Poe
913. **Piadas para sempre (4)** – Visconde da Casa Verde
914. **100 receitas de massas light** – Helena Tonetto
915(19). **Oscar Wilde** – Daniel Salvatore Schiffer
916. **Uma breve história do mundo** – H. G. Wells
917. **A Casa do Penhasco** – Agatha Christie
918. **Maigret e o finado sr. Gallet** – Simenon
919. **John M. Keynes** – Bernard Gazier
920(20). **Virginia Woolf** – Alexandra Lemasson
921. **Peter e Wendy** seguido de **Peter Pan em Kensington Gardens** – J. M. Barrie
922. **Aline: numas de colegial (5)** – Adão Iturrusgarai
923. **Uma dose mortal** – Agatha Christie
924. **Os trabalhos de Hércules** – Agatha Christie
925. **Maigret na escola** – Simenon
926. **Kant** – Roger Scruton
927. **A inocência do Padre Brown** – G.K. Chesterton
928. **Casa Velha** – Machado de Assis
929. **Marcas de nascença** – Nancy Huston
930. **Aulete de bolso**
931. **Hora Zero** – Agatha Christie
932. **Morte na Mesopotâmia** – Agatha Christie
933. **Um crime na Holanda** – Simenon
934. **Nem te conto, João** – Dalton Trevisan
935. **As aventuras de Huckleberry Finn** – Mark Twain
936(21). **Marilyn Monroe** – Anne Plantagenet
937. **China moderna** – Rana Mitter
938. **Dinossauros** – David Norman
939. **Louca por homem** – Claudia Tajes
940. **Amores de alto risco** – Walter Riso
941. **Jogo de damas** – David Coimbra
942. **Filha é filha** – Agatha Christie
943. **M ou N?** – Agatha Christie
944. **Maigret se defende** – Simenon
945. **Bidu: diversão em dobro!** – Mauricio de Sousa
946. **Fogo** – Anaïs Nin
947. **Rum: diário de um jornalista bêbado** – Hunter Thompson
948. **Persuasão** – Jane Austen
949. **Lágrimas na chuva** – Sergio Faraco
950. **Mulheres** – Bukowski
951. **Um pressentimento funesto** – Agatha Christie
952. **Cartas na mesa** – Agatha Christie
953. **Maigret em Vichy** – Simenon
954. **O lobo do mar** – Jack London
955. **Os gatos** – Patricia Highsmith
956. **Jesus** – Christiane Rancé
957. **História da medicina** – William Bynum
958. **O Morro dos Ventos Uivantes** – Emily Brontë
959. **A filosofia na era trágica dos gregos** – Nietzsche
960. **Os treze problemas** – Agatha Christie
961. **A massagista japonesa** – Moacyr Scliar
962. **A taberna dos dois tostões** – Simenon
963. **Humor do miserê** – Nani
964. **Todo o mundo tem dúvida, inclusive você** – Édison Oliveira
965. **A dama do Bar Nevada** – Sergio Faraco